Vom inneren Aufbau der Materie

Volumen und Masse von Körpern

1 Bestimme das Volumen der Flüssigkeit in jedem Messzylinder. Gib das Volumen in den Einheiten ml, cm³ und dm³ an.

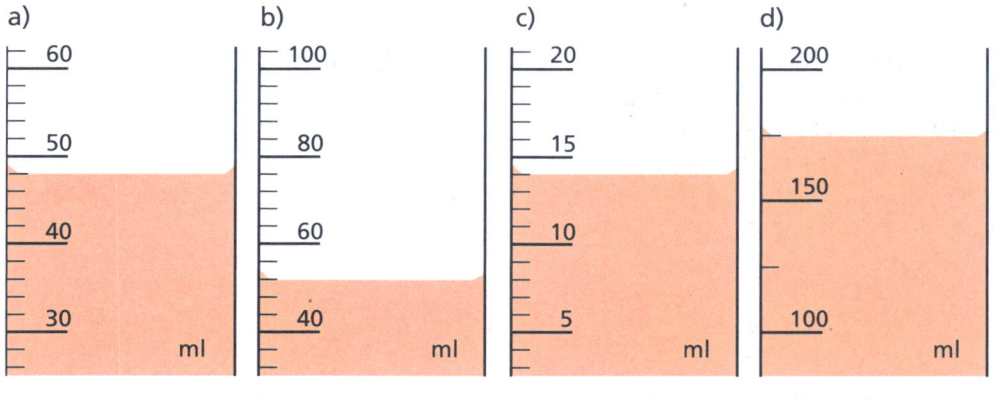

V = _____ V = _____ V = _____ V = _____

2 Zeichne das angegebene Volumen in die abgebildeten Messzylinder farbig ein.

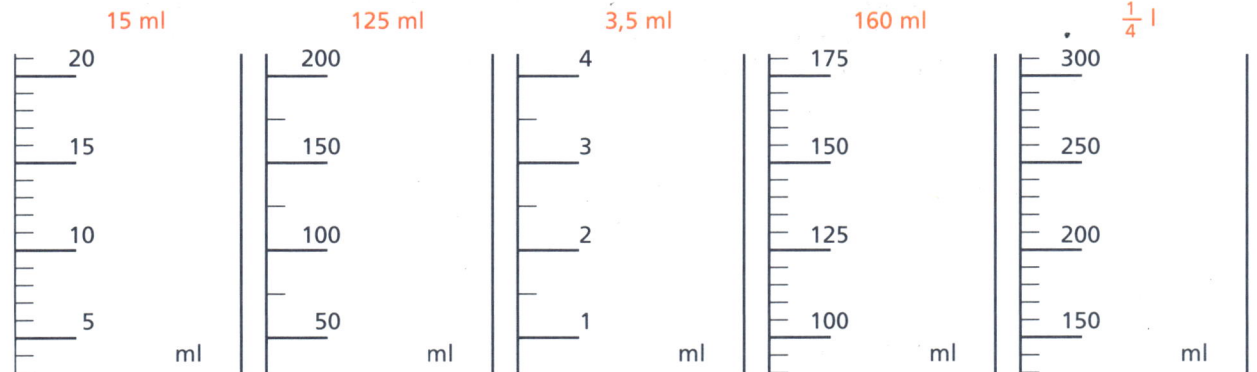

3 Beschreibe, wie du mithilfe der Differenzmethode das Volumen eines unregelmäßig geformten festen Körpers bestimmen kannst. Fertige dazu eine Skizze an.

2 Vom inneren Aufbau der Materie

4 Bestimme experimentell das Volumen eines unregelmäßig geformten Körpers mit der Differenzmethode.

Vorbereitung: Schätze das Volumen des Körpers.

$V_{geschätzt}$ = _____

Durchführung: Führe die entsprechenden Messungen durch.
Gemessenes Volumen:

V_1 = _____ V_2 = _____

Auswertung: Berechne das Volumen des festen Körpers.

$V_{Körper} = V_2 - V_1$ $V_{Körper}$ = _____

5 Auf den Verpackungen von Waren findest du verschiedene Angaben, darunter auch meist die Masse. Gib den Wert der Größe in zwei verschiedenen Einheiten an.

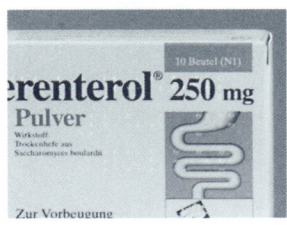  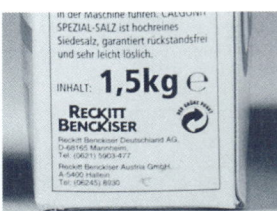 

m = _____ _____ _____ _____

m = _____ _____ _____ _____

6 Bestimme die Masse deines Physikbuchs, eines vollen Joghurt-Bechers, einer Birne und einer 20-Cent-Münze.
Schätze zunächst die Masse jedes Körpers. Bestimme die Masse dann mit einer Haushaltswaage.

Körper	geschätzte Masse	gemessene Masse

7 Nenne mindestens drei technische Maßnahmen, mit denen die Längenänderung fester Körper bei Temperaturänderungen ausgeglichen werden. Wo werden sie angewandt?

_____

_____

Dichte von Stoffen

1 Die Würfel aus verschiedenen Stoffen haben das gleiche Volumen. Ordne die Würfel nach ihrer Masse. Schreibe in die Würfel die Ziffern 1 (geringste Masse) bis 5 (größte Masse). Gib für jeden Stoff die Dichte an.

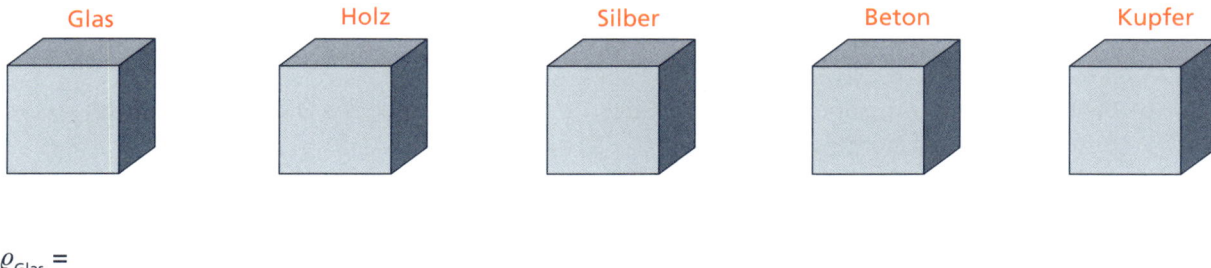

ϱ_{Glas} = _____   _____   _____   _____   _____

2 In den Bechergläsern befinden sich Wasser, Benzin und Spiritus jeweils gleicher Masse. Ordne die Stoffe den Bechergläsern zu. Begründe deine Zuordnung.

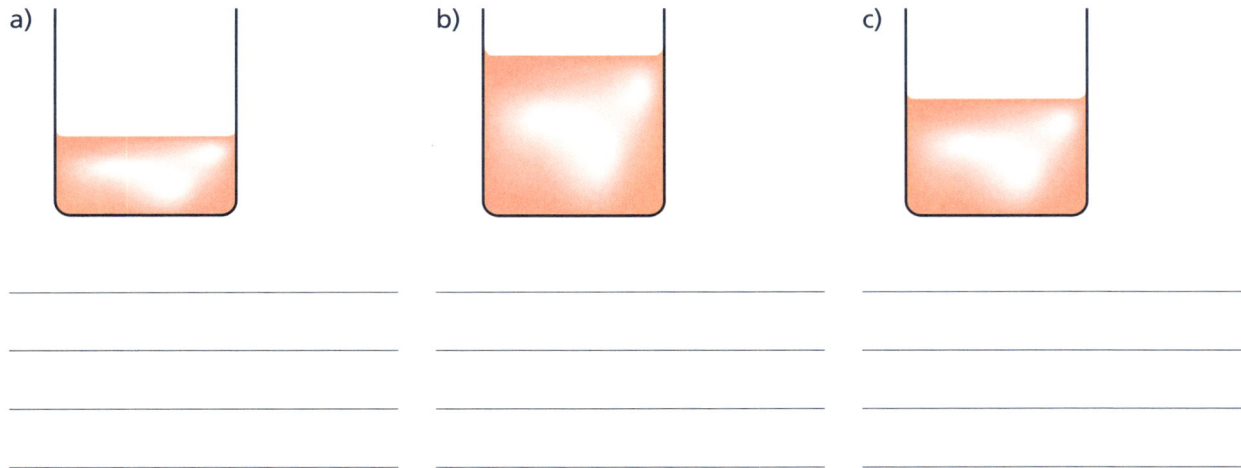

3 In die Messzylinder sollen je 50 g der jeweiligen Flüssigkeit eingefüllt werden. Gib für jeden Stoff die Dichte an. Berechne das jeweilige Volumen in ml. Markiere mit farbigem Stift, wie hoch die Flüssigkeit nach dem Einfüllen steht.

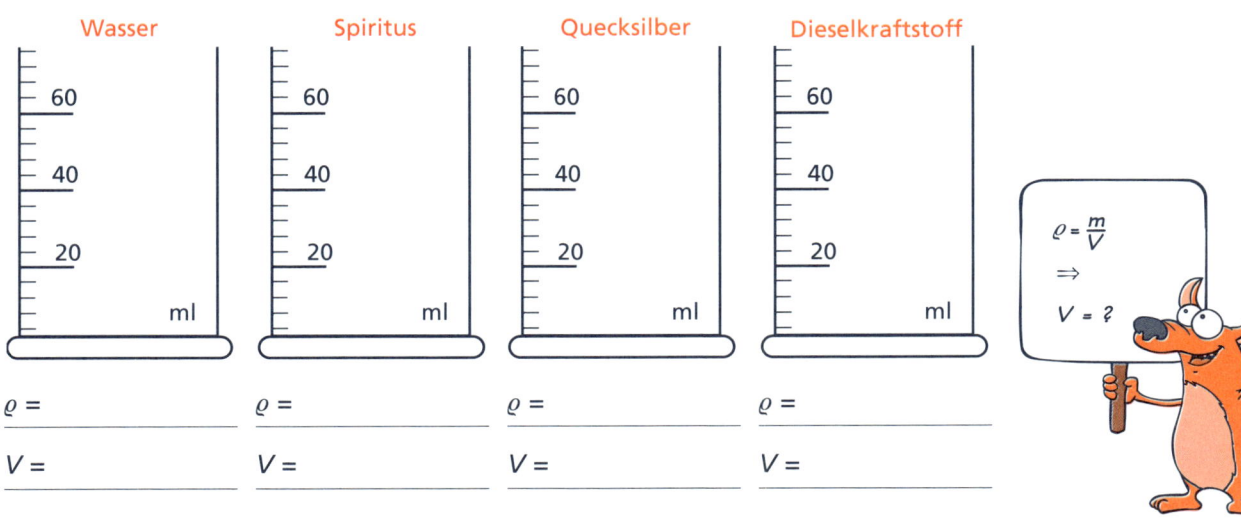

$\varrho = \frac{m}{V}$
$\Rightarrow$
$V = ?$

$\varrho =$ $\varrho =$ $\varrho =$ $\varrho =$

$V =$ $V =$ $V =$ $V =$

4 Vom inneren Aufbau der Materie

4 Bestimme die Dichte des Stoffs von einem Körper, der dir gegeben wird. Ermittle, aus welchem Stoff der Körper bestehen könnte.

Vorbereitung:
a) Mit welcher Gleichung kann die Dichte berechnet werden?

_____

b) Welche Größen müssen experimentell bestimmt werden, um die Dichte eines Stoffs zu berechnen? Wie kann man diese ermitteln?

Größe 1: _____ Messverfahren: _____

Größe 2: _____ Messverfahren: _____

Durchführung:
Führe die entsprechenden Messungen durch. $V =$ _____

$m =$ _____

Auswertung:
a) Berechne die Dichte des Stoffs, aus dem der Körper besteht.

b) Aus welchem Stoff könnte der Körper bestehen?

_____
_____

c) Wodurch könnte die Genauigkeit des Ergebnisses beeinflusst worden sein?

_____
_____
_____

5 Sand hat eine Dichte von $1{,}6 \frac{g}{cm^3}$.

Ergänze die fehlenden Werte in der Tabelle.

Volumen V in cm³	Masse m in g
1	
	4,8
15	
	100

Vom inneren Aufbau der Materie — 5

Temperatur und Teilchenbewegung

1 Ergänze die folgende Übersicht. Gehe vom Aufbau der Stoffe aus Teilchen aus.

	feste Körper	flüssige Körper	gasförmige Körper
Aufbau			
Kräfte zwischen den Teilchen des Körpers			
Form des Körpers			
Volumen des Körpers			

2 Ordne folgende Temperaturen richtig in die Übersicht ein. Ergänze die Werte in °C bzw. in K.
37 °C, 5 500 K, −273 °C, 0 °C, 373 K

	in °C	in K
tiefstmögliche Temperatur		
normale Körpertemperatur des Menschen		
Siedetemperatur von Wasser		
Temperatur auf der Sonnenoberfläche		

3 Ergänze die folgende Übersicht.

ϑ_1 in °C	16	−5	32	58			76	37
ϑ_2 in °C	85	13	−10	−88	15	−20		
$\vartheta_2 - \vartheta_1$ in K					40	18	12	2,5

6 Vom inneren Aufbau der Materie

Teste dich selbst

Setze die Druckbuchstaben der richtigen Antworten der Reihe nach in das Lösungswort unten ein. Das kann bei einer Aufgabe auch mehr als ein Buchstabe sein. Ob du richtig geantwortet hast, kannst du unten prüfen, wenn du mithilfe der Buchstaben das Lösungswort findest.

1 Überprüfe: 45 cm³ sind auch
- T 45 ml,
- S 0,45 dm³,
- E 0,045 dm³.

2 Stahl hat eine Dichte von 7,8 $\frac{g}{cm^3}$. Das bedeutet
- M 1 cm³ hat eine Masse von 7,8 g,
- A 1 g hat ein Volumen von 7,8 cm³,
- P 7,8 g haben ein Volumen von 1 cm³.

3 Die Temperatur hat einen absoluten Nullpunkt. Die Temperaturskala, die den absoluten Nullpunkt als Ausgangspunkt hat, wurde benannt nach
- L dem schwedischen Naturforscher ANDERS CELSIUS,
- N dem deutschen Arzt ANDERS CELSIUS,
- E dem englischen Naturforscher LORD KELVIN.

4 Die Differenz von zwei Temperaturen kannst du so ermitteln: $\Delta\vartheta = \vartheta_2 - \vartheta_1$.
Die Temperaturdifferenz beider Thermometeranzeigen beträgt:
- R 32 °C, weil 16 °C − (−16 °C) = 32 °C.
- V 0 °C, weil 16 °C − 16 °C = 0 °C.
- U −32 °C, weil −16 °C − 16 °C = −32 °C.

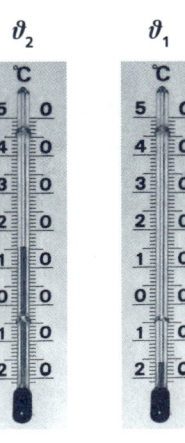

5 Die Längenänderung eines langen festen Körpers ist umso kleiner,
- K je länger der Körper ist,
- A je kürzer der Körper ist,
- T je kleiner die Temperaturdifferenz ist,
- D je größer die Temperaturdifferenz ist,

6 In Kühlanlagen von Pkw ist ein Ausgleichsgefäß vorhanden. Es dient dazu, dass
- N man Kühlflüssigkeit randvoll nachfüllen kann,
- U sich die Kühlflüssigkeit ausdehnen kann,
- R die Heizung einwandfrei funktioniert.

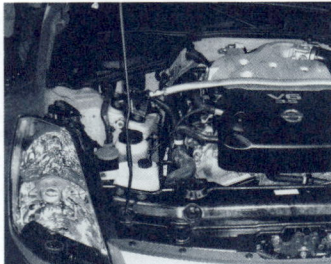

7 Dass Klebstoff unterschiedliche Materialien zusammenhält, liegt an der
- E Kohäsion,
- R Adhäsion,
- T Reibung.

Das Lösungswort heißt: _____

Wärme im Alltag

Thermische Energie und Wärme

1 Wenn von einem Körper auf einen anderen Körper Wärme übertragen wird, so ändert sich nicht nur die thermische Energie beider Körper, sondern meist auch ihre Temperatur. Ergänze die Sätze unter den Körpern.

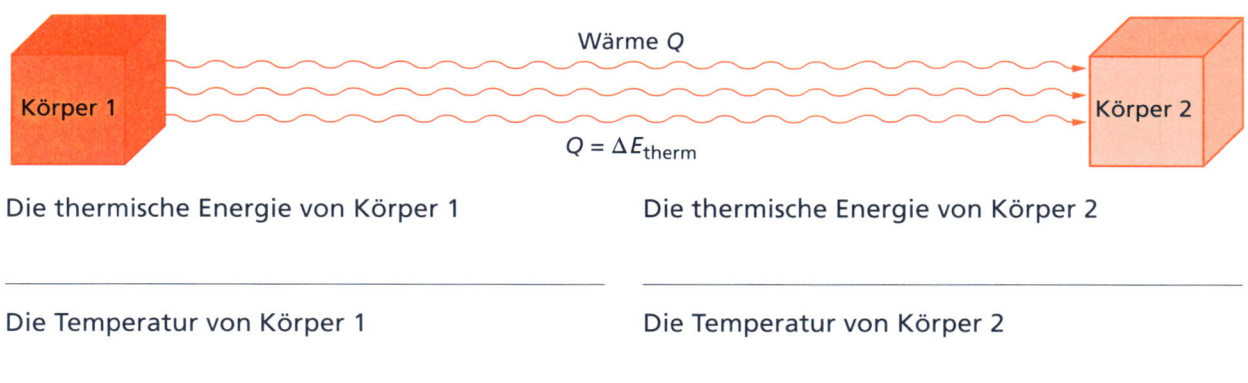

Die thermische Energie von Körper 1

_____

Die Temperatur von Körper 1

_____

Die thermische Energie von Körper 2

_____

Die Temperatur von Körper 2

_____

2 Vervollständige die folgende Tabelle.

Physikalische Größe	Beschreibung		Formelzeichen	Einheit
Wärme	Die Wärme gibt an,			
Thermische Energie	Die thermische Energie ist,			

3 Das Diagramm zeigt die Temperaturänderung von je 1 kg Wasser und 1 kg Aluminium bei gleichmäßiger Wärmezufuhr.
a) Welche Gemeinsamkeiten und welche Unterschiede zwischen Wasser und Aluminium kannst du aus dem Diagramm ablesen?

Gemeinsamkeiten:

_____

_____

Unterschiede:

_____

_____

_____

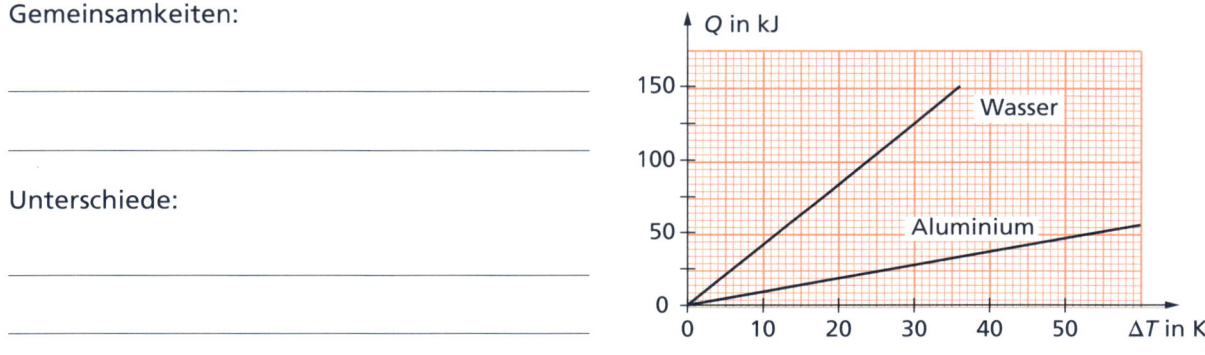

Arten der Wärmeübertragung

1 Nenne Wärmequellen, bei denen die Übertragung von Wärme an die Umgebung erwünscht bzw. unerwünscht ist.

erwünschte Wärmeübertragung	unerwünschte Wärmeübertragung

2 Gib an, ob es sich bei den genannten Vorgängen um Wärmeübertragung durch Wärmeleitung, Wärmeströmung oder Wärmestrahlung handelt.

(1) Ein Löffel im heißen Tee erwärmt sich. — Wärmeleitung

(2) Durch Südwind wird warme Luft herantransportiert. — Wärmeströmung

(3) In der Sonne erwärmt sich der Erdboden. _____

(4) In einem Auto, das längere Zeit in der Sonne steht, wird es warm. _____

(5) Von einem Heizkraftwerk wird Wärme in die Wohnung übertragen. _____

3 Miss in einem Zimmer die Temperatur am Boden, in Tischhöhe und in etwa 2 m Höhe. Was stellst du fest? Erkläre.

_____

_____

4 In einem Rohr befindet sich Wasser. An der Einfüllstelle wird Färbemittel (z. B. Tinte) zugegeben. An einer Ecke wird das Rohr erwärmt.
Zeichne mit Pfeilen ein, in welcher Richtung sich das Färbemittel bewegt. Begründe.

a) b)

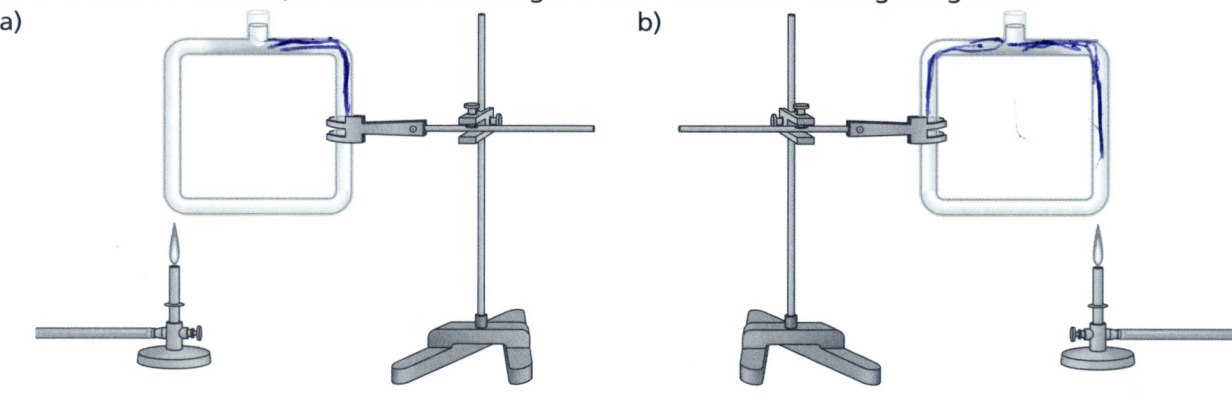

_____

_____

Wärme im Alltag 9

5 An heißen Sommertagen kann man am Meer feststellen, dass der Wind meist vom Wasser zum Land weht.
a) Ergänze die Luftströmung bei Nacht.
b) Begründe die Richtung der Luftbewegung.

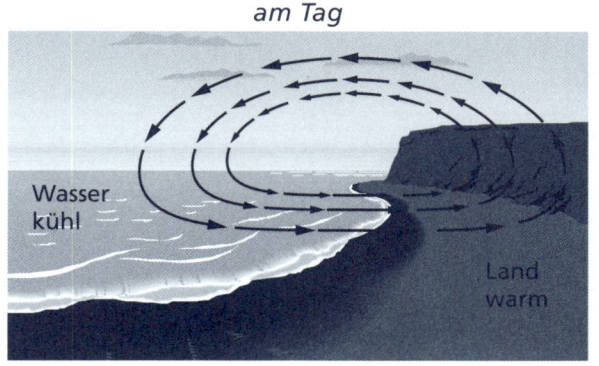
am Tag

bei Nacht

Begründung: _____
_____
_____

6 Ist so etwas möglich, wie im Bild dargestellt? Das Wasser im oberen Teil des Reagenzglases siedet. Begründe.

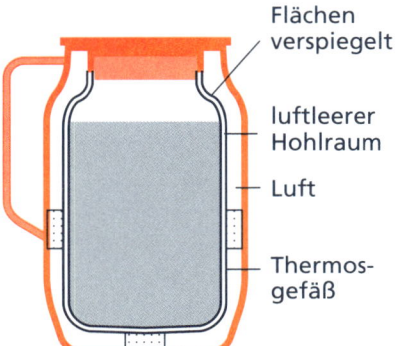

_____
_____
_____
_____
_____

7 Die Skizze zeigt den Aufbau einer Thermoskanne. Erläutere, weshalb durch einen solchen Aufbau nur wenig Wärme nach außen gelangt.

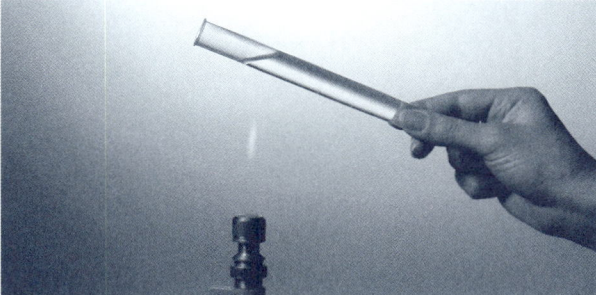

Flächen verspiegelt
luftleerer Hohlraum
Luft
Thermosgefäß

Im Luftleeren Raum kann nichts die Wärme leiten.

_____
_____
_____
_____
_____
_____

Aggregatzustandsänderungen

1 Welche Aggregatzustandsänderung geht bei dem beschriebenen Vorgang vor sich?

(1) Das Eis auf einem See taut.

(2) Flüssiger Stahl wird in eine Form gegossen.

(3) Butter wird in eine heiße Pfanne gegeben.

(4) Wachs einer brennenden Kerze tropft auf den Tisch.

(5) Der Spiegel im Bad beschlägt.

(6) Das Teewasser kocht.

2 In der Skizze ist der Wasserkreislauf in der Natur vereinfacht dargestellt. Beschreibe den Wasserkreislauf. Nenne dabei die Aggregatzustandsänderungen, die vor sich gehen.

3 Erfolgt bei den nachfolgenden Vorgängen Sieden oder Verdunsten?

Auf dem Herd kocht die Suppe.	
Die Wäsche trocknet im Wind.	
Eine nasse Straße wird trocken.	
Feuchtes Haar wird geföhnt.	

4 Ergänze die Bezeichnungen für die Aggregatzustandsänderungen.

fester Aggregatzustand

flüssiger Aggregatzustand

gasförmiger Aggregatzustand

Wärme im Alltag 11

5 In einem Experiment wurde Eis erwärmt. Die Messwerte sind im Diagramm dargestellt. Die gesamte Zeit über wurde gleichmäßig Wärme zugeführt. Beschreibe und erkläre den Kurvenverlauf.

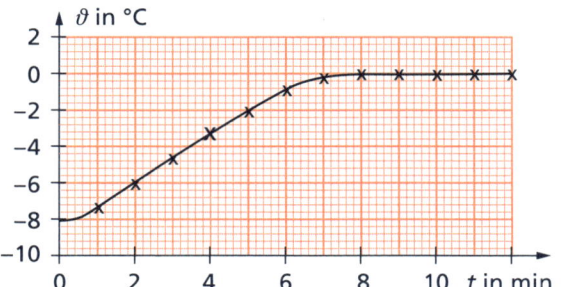

_____

_____

_____

_____

Schmelzen erfordert Wärme.

6 Im Wasserkreislauf in der Natur spielt das Verdunsten eine wichtige Rolle.
a) Von welchen Faktoren ist das Verdunsten von Wasser abhängig?

_____

_____

 b) Prüfe deine unter a) getroffenen Aussagen experimentell. Ergänze dazu die nachfolgende Übersicht.

Experimentieranordnung	Es wird verändert	Es wird konstant gehalten	Ergebnis
	Größe der Oberfläche	Temperatur Abführung der verdunsteten Anteile	
bei höherer Temperatur / bei niedriger Temperatur	Temperatur		
ohne Wind / mit Wind	Luftströmung (Wind)		

© Duden Paetec GmbH. Alle Rechte vorbehalten. Internet: www.duden-schulbuch.de

Wärme im Alltag

Teste dich selbst

Setze die Druckbuchstaben der richtigen Antworten der Reihe nach in das Lösungswort unten ein. Das kann bei einer Aufgabe auch mehr als ein Buchstabe sein. Ob du richtig geantwortet hast, kannst du unten prüfen, wenn du mithilfe der Buchstaben das Lösungswort findest.

1 Ein Kilogramm eines Stoffs wird gleichmäßig erwärmt. Der Zusammenhang zwischen Wärmezufuhr und Temperaturänderung ist im Diagramm dargestellt. Dann gilt für diesen Stoff:
- S Werden 60 kJ zugeführt, so erhöht sich die Temperatur auf 25 °C.
- T Werden 60 kJ zugeführt, so erhöht sich die Temperatur um 25 K.
- V Werden 60 kJ zugeführt, so steigt die Temperatur gleichmäßig von 0 auf 25 °C.

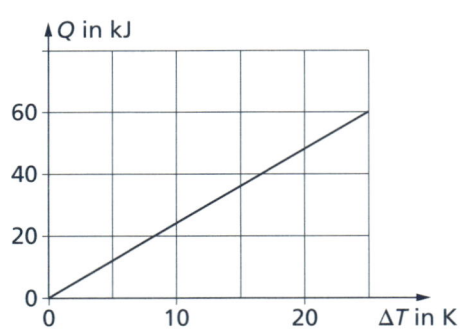

2 Eine heiße Herdplatte ist eine Wärmequelle. Für Wärmequellen gilt:
- O Wärmequellen sind Körper, die Wärme von ihrer kälteren Umgebung aufnehmen.
- E Wärmequellen geben Wärme an ihre kältere Umgebung ab.
- A Lebewesen können keine Wärmequellen sein.

3 Im Sommer und in warmen Regionen wird helle Kleidung bevorzugt, weil
- G helle Kleidung wenig Wärmestrahlung reflektiert,
- R helle Kleidung viel Wärmestrahlung absorbiert,
- I helle Kleidung viel Wärmestrahlung reflektiert und nur wenig Wärmestrahlung absorbiert.

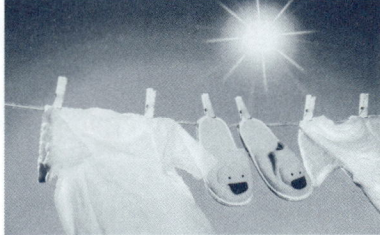

4 In einem Zimmer, das mit einem Heizkörper auf eine Wohlfühltemperatur gebracht wird, gibt es meist eine typische Temperaturverteilung.
- N Die Temperatur ist am Fußboden am höchsten, weil sich die warme Luft unten sammelt.
- L Die Temperatur ist am Fußboden am niedrigsten, weil kalte Luft immer nach unten sinkt.
- C Die Temperatur ist unterhalb der Decke am höchsten, weil warme Luft nach oben steigt.

5 Wenn einem Körper Wärme zugeführt wird, so gilt:
- I Die Temperatur des Körpers erhöht sich immer.
- H Die Temperatur des Körpers kann sich erhöhen oder auch gleich bleiben.
- A Die Temperatur des Körpers verringert sich.

6 Wenn Flüssigkeiten weit unterhalb der Siedetemperatur in den gasförmigen Zustand übergehen, spricht man vom Verdunsten. Es gilt:
- L Beim Trocknen einer nassen Straße wird die Umgebung wärmer.
- E Beim Trocknen einer nassen Straße wird der Umgebung Wärme entzogen.
- N Wenn wir schwitzen, kühlt sich durch Verdunsten von Schweiß unser Körper ab.

Das Lösungswort heißt: _____

Sehen und gesehen werden

Lichtquellen und beleuchtete Körper

1 Auf den Fotos kannst du verschiedene Körper sehen. Welche der abgebildeten Körper sind Lichtquellen, welche beleuchtete Körper?

Lichtquellen: _____

Lichtquellen: _____

Beleuchtete Körper: _____

Beleuchtete Körper: _____

2 Ordne die folgenden Begriffe in die Tabelle ein: Ball, Blitz, eingeschalteter Autoscheinwerfer, Reflektor am Fahrrad, Computerbildschirm, Mond, Stern, brennende Kerze, Spiegel, Buch.

Beleuchtete Körper	Lichtquellen

3 Ergänze den nachfolgenden Text.

Ein Mädchen sieht im Kino einen Film. Die Lampe im Filmprojektor ist ein _____

Körper, eine _____. Von ihr geht _____ aus, durchleuchtet den Film und trifft

auf die Leinwand. Die Leinwand ist ein _____ Körper. Das Mädchen sieht das Bild

auf der Leinwand mit den Augen, weil das Licht von der Leinwand _____ wird.

Reflexion des Lichts

1 Bezeichne die mit A, B, C ... gekennzeichneten Teile der Skizze.

A _____

B _____

C _____

D _____

E _____

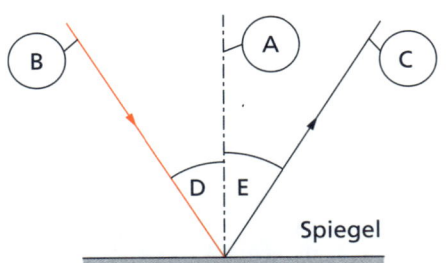

2 Untersuche die Reflexion von Licht an einem Spiegel. Lege dazu ein Blatt Papier auf den Tisch. Zeichne die Spiegelebene und das Einfallslot senkrecht zur Spiegelebene. Stelle einen kleinen Spiegel auf die gezeichnete Spiegelebene. Nutze als Lichtquelle eine Experimentierleuchte mit Spalt oder eine Taschenlampe, bei der das parallele Licht nur durch einen Spalt austreten kann (den anderen Teil mit schwarzem Papier bekleben).

Durchführung:
Miss für verschiedene Einfallswinkel die Reflexionswinkel.
Markiere dazu den jeweiligen Lichtweg mit ein paar Punkten oder mit Stecknadeln.
Trage die Messwerte in die Tabelle ein.

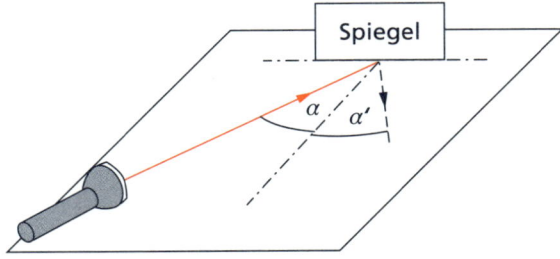

Auswertung:
Vergleiche Einfallswinkel α und Reflexionswinkel α'. Formuliere das Ergebnis in Worten.

_____

_____

_____

_____

Einfallswinkel α	Reflexionswinkel α'

3 Paralleles Licht fällt auf verschiedene Oberflächen. Zeichne in die Skizzen die reflektierten Lichtstrahlen ein.

a)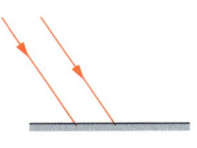
ebener Spiegel

b)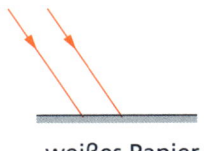
weißes Papier

c)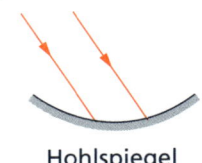
Hohlspiegel

d)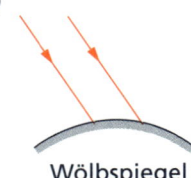
Wölbspiegel

4 In den folgenden Zeichnungen ist das Licht, das auf einen ebenen Spiegel fällt, durch einen Lichtstrahl dargestellt. Ermittle durch Konstruktion den reflektierten Strahl.

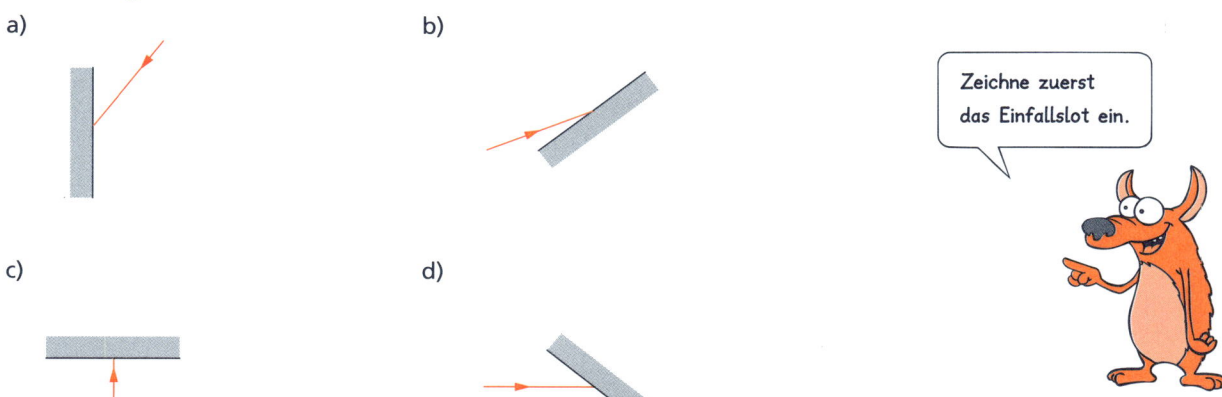

Zeichne zuerst das Einfallslot ein.

5 In den Kästen (Blackbox) befinden sich Spiegel. Ergänze die Strahlenverläufe und zeichne die Lage der Spiegel ein.

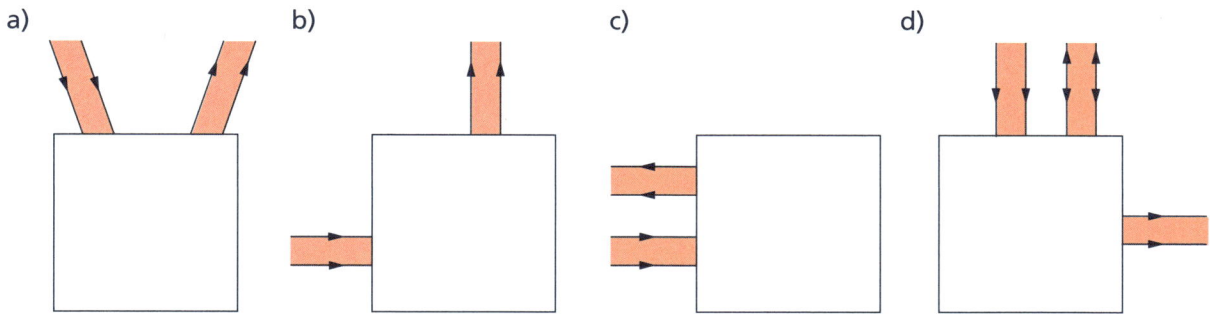

6 Mithilfe von Spiegeln kannst du „um die Ecke" gucken. Wie müssen ebene Spiegel angeordnet werden, damit ein Beobachter B den Gegenstand G sehen kann? Zeichne Spiegel und Strahlenverlauf ein.

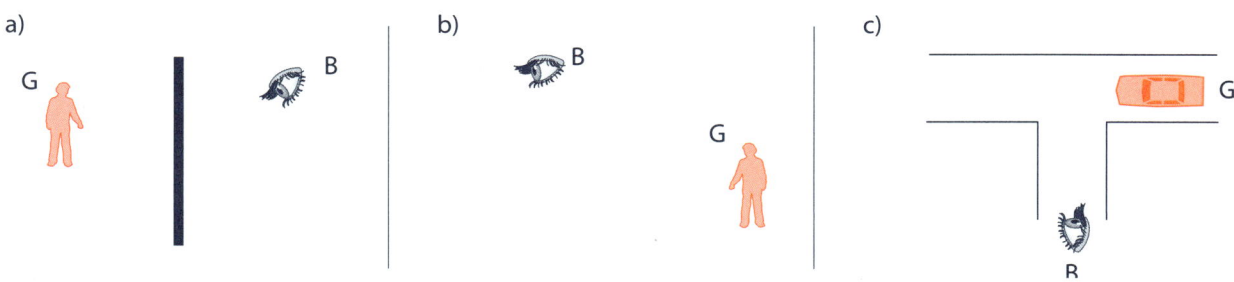

7 Konstruiere von folgenden Gegenständen das Bild am ebenen Spiegel.

a)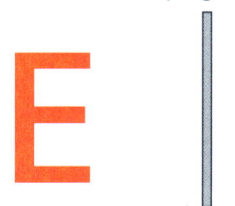
b)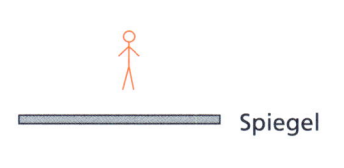
c)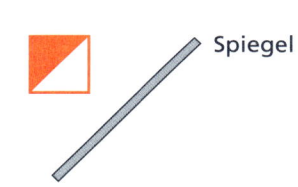

Brechung des Lichts

1 Bezeichne die mit A, B, C ... gekennzeichneten Teile der Skizze.

A _____

B _____

C _____

D _____

E _____

F _____

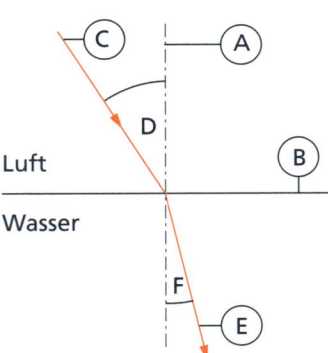

2 Untersuche für den Übergang des Lichts von Luft in Glas und von Glas in Luft, wie sich der Brechungswinkel ändert, wenn der Einfallswinkel verändert wird. Stelle jeweils fünf verschiedene Einfallswinkel ein und miss die zugehörigen Brechungswinkel.

Übergang Luft–Glas

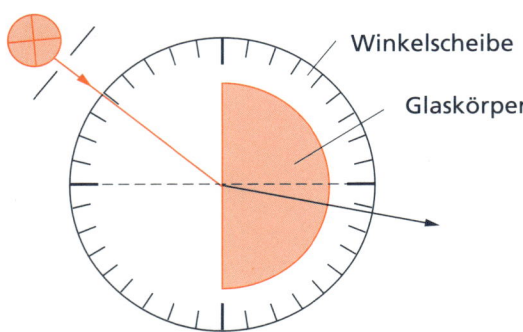

Übergang Glas–Luft

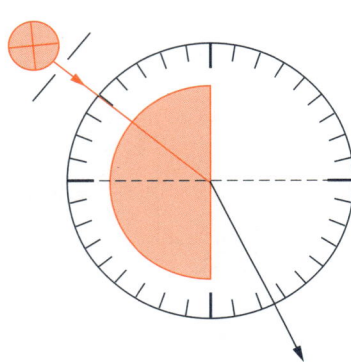

Einfallswinkel α	Brechungswinkel β

Ergebnis:

_____

_____

_____

Einfallswinkel α	Brechungswinkel β

Ergebnis:

_____

_____

_____

3 In den Skizzen ist die Ausbreitung des Lichts dargestellt. Vervollständige den Strahlenverlauf.

a)  b) 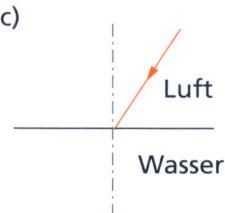 c) 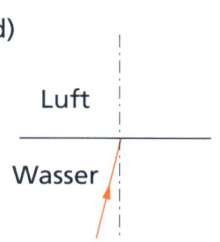 d)

4 Ein Beobachter sieht in einem See einen Fisch an der eingezeichneten Stelle.
a) Zeichne ein, wo sich der Fisch wirklich befindet.

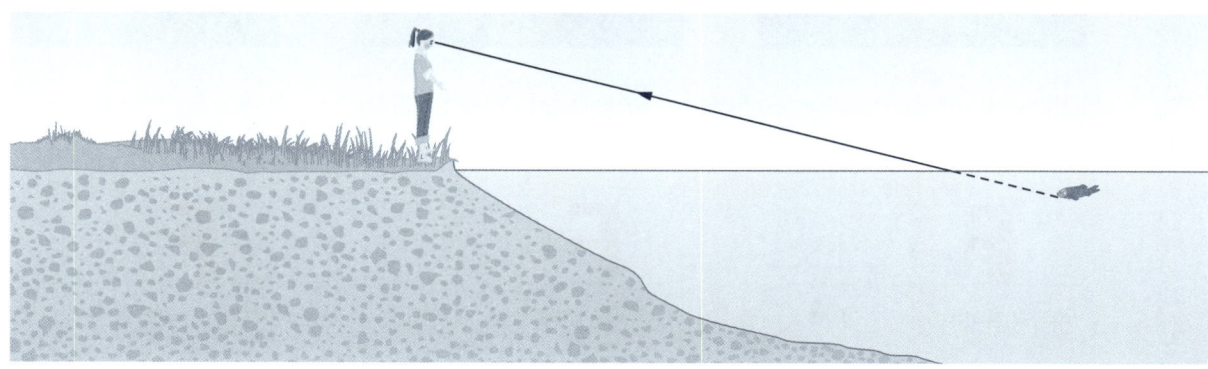

b) Begründe, warum der Beobachter den Fisch an einer anderen Stelle sieht, als sich dieser befindet.

_____
_____
_____
_____

5 Durch welchen Teil der Wasseroberfläche kann der Fisch sehen?
Zeichne die Lichtstrahlen ein. Markiere den betreffenden Teil der Wasseroberfläche farbig.

18 Sehen und gesehen werden

Teste dich selbst

Setze die Druckbuchstaben der richtigen Antworten der Reihe nach in das Lösungswort unten ein. Das kann bei einer Aufgabe auch mehr als ein Buchstabe sein. Ob du richtig geantwortet hast, kannst du unten prüfen, wenn du mithilfe der Buchstaben das Lösungswort findest.

1 Auf den Fotos sind verschiedene Körper abgebildet. Welche der Körper sind Lichtquellen?

B  K 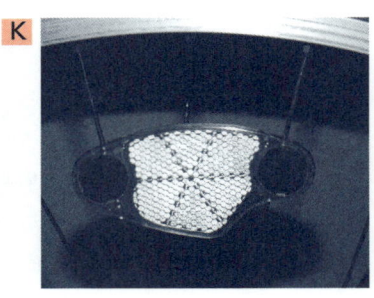 I

2 Licht wird an einem ebenen Spiegel reflektiert. Welche Skizze stellt den Sachverhalt richtig dar?

L (Gegenstand | Bild)   M  (Gegenstand | Bild)   O 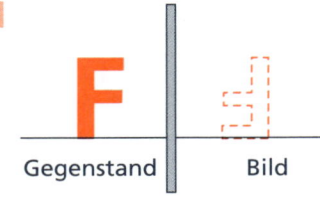 (Gegenstand | Bild)

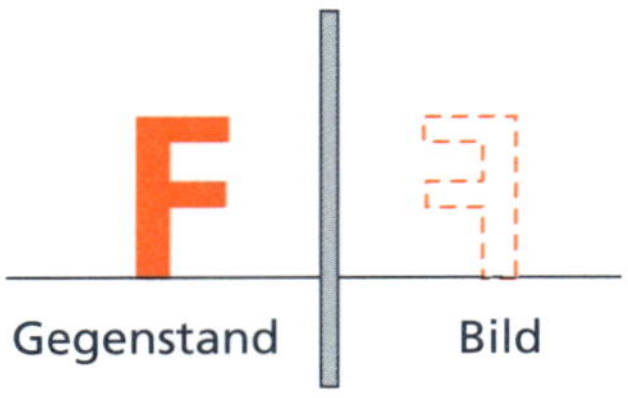

3 Wenn Licht auf die Grenzfläche zweier lichtdurchlässiger Stoffe trifft, kann statt Brechung Totalreflexion auftreten. Es gilt:

- D Totalreflexion geschieht beim Übergang von Wasser oder Glas in Luft.
- E Totalreflexion kann unabhängig von der Richtung des Übergangs vorkommen.
- C Totalreflexion tritt unabhängig vom Winkel des einfallenden Lichts auf.
- R Wenn Totalreflexion auftritt, sieht ein Beobachter immer sich selbst.

Beim Übergang von Wasser oder Glas in Luft wird das Licht zum Lot hin gebrochen.

4 In der Skizze ist eine bestimmte Stellung von Sonne, Erde und Mond zueinander dargestellt. Ein Beobachter befindet sich auf der sonnenabgewandten Seite der Erde. Welche Aussage ist richtig?

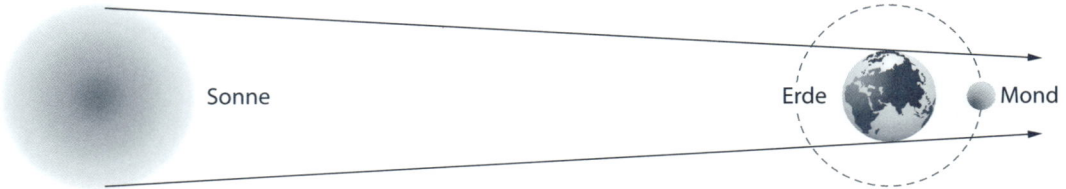

- E Für den Beobachter ist Nacht, da er kein Sonnenlicht sehen kann.
- R Der Beobachter kann am Nachthimmel eine Mondfinsternis feststellen.
- H Der Beobachter erlebt gerade eine Sonnenfinsternis.
- X Der Mond ist sichtbar, denn er ist eine Lichtquelle.

Das Lösungswort heißt: _____

© Duden Paetec GmbH. Alle Rechte vorbehalten. Internet: www.duden-schulbuch.de

Vom Tragen zur Goldenen Regel der Mechanik

Wirkungen von Kräften

1 Kräfte bewirken die Änderung der Bewegung oder der Form von Körpern. Trage Beispiele dafür in die Tabelle ein.

Bewegungsänderung durch Kräfte	Formänderung durch Kräfte

2 Kräfte sind gerichtete Größen und werden durch Pfeile dargestellt. Bezeichne die einzelnen Teile des Kraftpfeils.

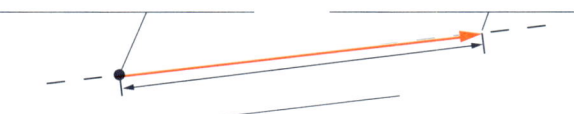

3 Die Einwirkung von Körpern aufeinander ist immer wechselseitig. Zeichne in die Skizze jeweils die wirkenden Kräfte ein.

a)   b)   c)   d)

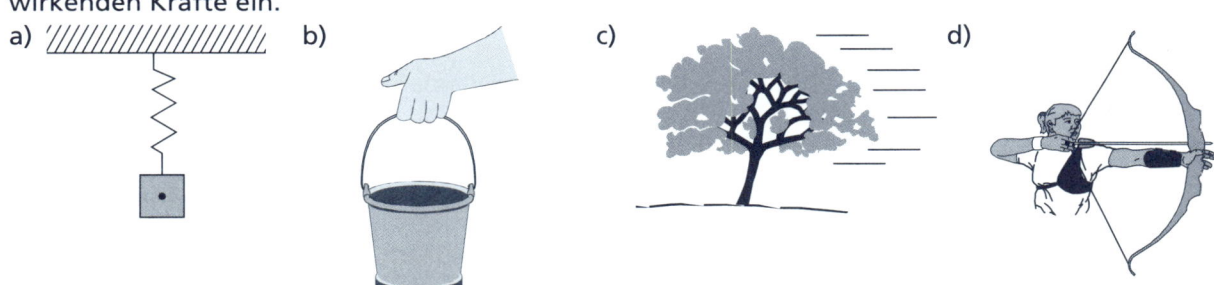

4 Es sind einige Kräfte dargestellt. Stelle fest, welche Beträge die Kräfte F_1 bis F_{10} haben.

Maßstab: 1 cm entspricht 2 N.

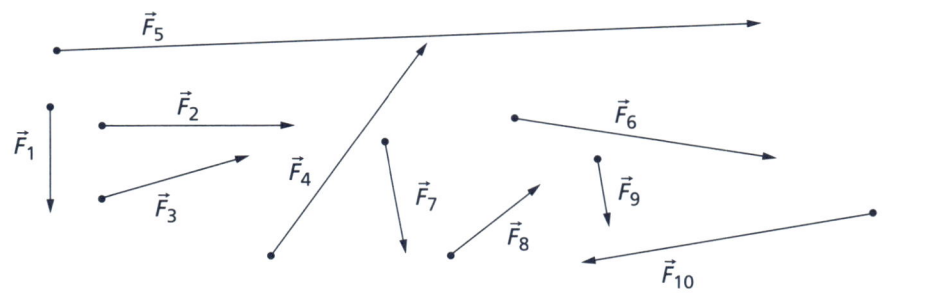

| $F_1 =$ | $F_3 =$ | $F_5 =$ | $F_7 =$ | $F_9 =$ |
| $F_2 =$ | $F_4 =$ | $F_6 =$ | $F_8 =$ | $F_{10} =$ |

5
Welche Werte zeigen die Kraftmesser an? Die Skala beginnt jeweils mit 0 N.
Welche Massen könnten mit ihrer Gewichtskraft auf die Kraftmesser wirken?

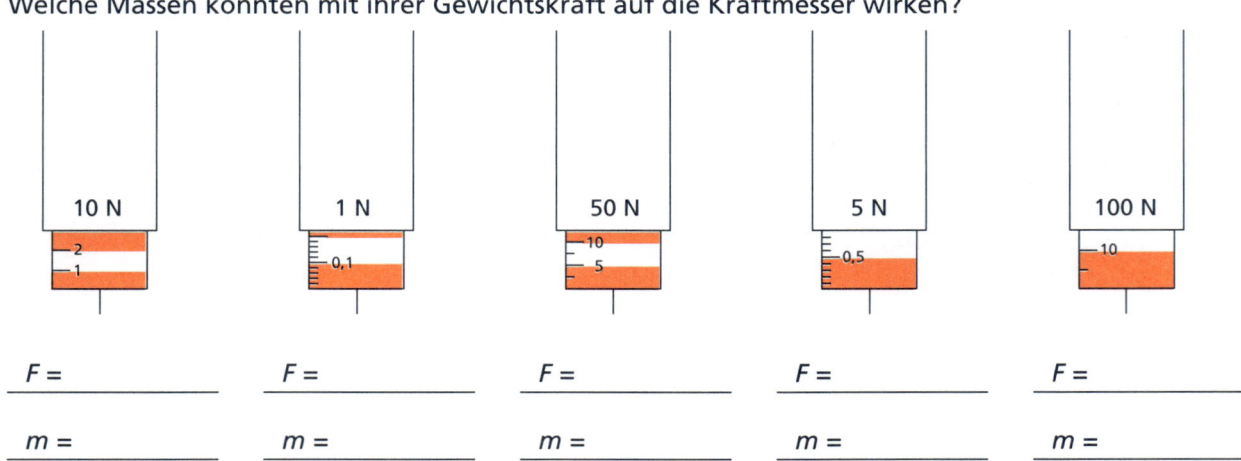

10 N	1 N	50 N	5 N	100 N

F = _____   F = _____   F = _____   F = _____   F = _____

m = _____   m = _____   m = _____   m = _____   m = _____

6
Streiche die Worte, die im Text zu falschen Aussagen führen.

Mit dem **A**nti**b**lockier**s**ystem (ABS) lässt sich ein Auto schneller und sicherer beschleunigen/abbremsen. Bremst/Beschleunigt ein Auto ohne ABS, verlieren die Räder bei schlechten Straßenbedingungen die Bodenhaftung/das Profil und beginnen zu rutschen/rollen. Wenn die Räder rollen/rutschen, kann der Fahrer den Wagen nicht mehr lenken.

Das ABS sorgt dafür, dass die Bremse/das Gaspedal immer sofort wieder gelöst wird, sobald die Räder zu rutschen/haften beginnen. Dadurch fangen die Räder immer wieder an, sich zu drehen, und der Fahrer kann das Auto weiterhin steuern, da die Rollreibung/Gleitreibung in der Richtung, in die das Rad rollt, geringer ist als die Haftreibung/Rollreibung quer zur Rollrichtung des Rades. Sobald das Rad wieder rollt, bremst/beschleunigt das ABS von Neuem. Dadurch wird die Beschleunigungswirkung/Bremswirkung insgesamt größer, denn jedes Mal wirkt für kurze Zeit die volle Haftreibungskraft/Gleitreibungskraft, die deutlich schwächer/stärker ist als die Haftreibungskraft/Gleitreibungskraft.

7
Es wirken zwei Kräfte gleichzeitig.

A   B   C   D

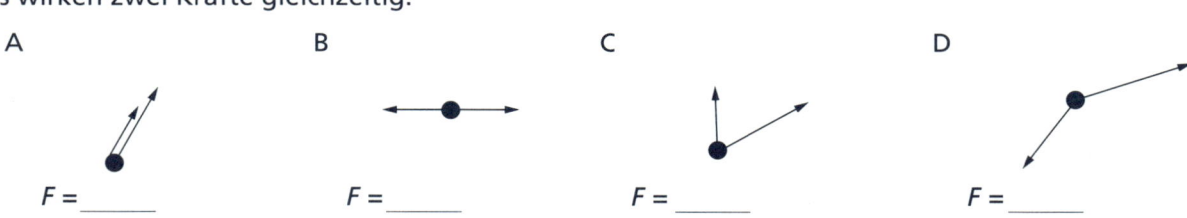

F = _____   F = _____   F = _____   F = _____

a) Zeichne die resultierende Gesamtkraft ein.
b) 1 cm ≙ 1 N. Berechne die resultierende Gesamtkraft.

Masse und Gewichtskraft

1 Untersuche den Zusammenhang zwischen der Masse und der Gewichtskraft von Körpern.

Vorbereitung:
Baue die Experimentieranordnung wie in der Abbildung rechts auf.

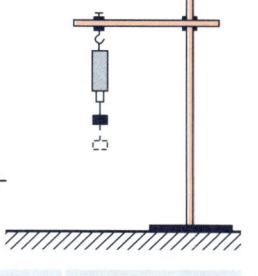

Durchführung:
a) Prüfe, ob der Federkraftmesser richtig eingestellt ist.
b) Hänge verschiedene Hakenkörper, deren Masse du kennst, an den Federkraftmesser. Bestimme jeweils die Gewichtskraft. Trage die Messwerte in die Tabelle ein.

m in g						
F_G in N						

Auswertung:
a) Zeichne das Gewichtskraft-Masse-Diagramm. Welcher Zusammenhang besteht zwischen Masse und Gewichtskraft? Formuliere ihn in Worten.

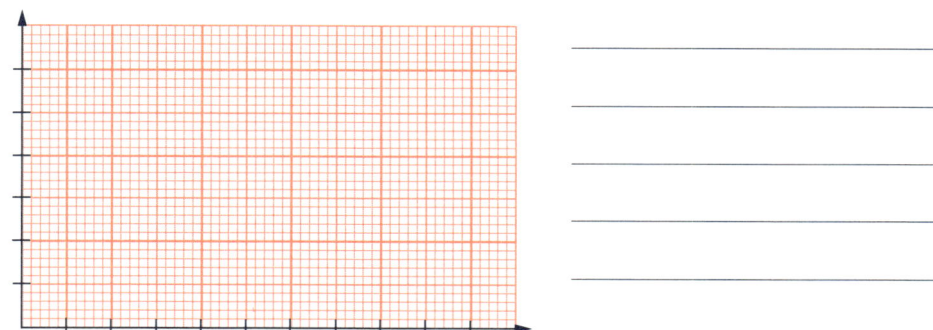

b) Berechne aus deinen Messwerten den Ortsfaktor g.

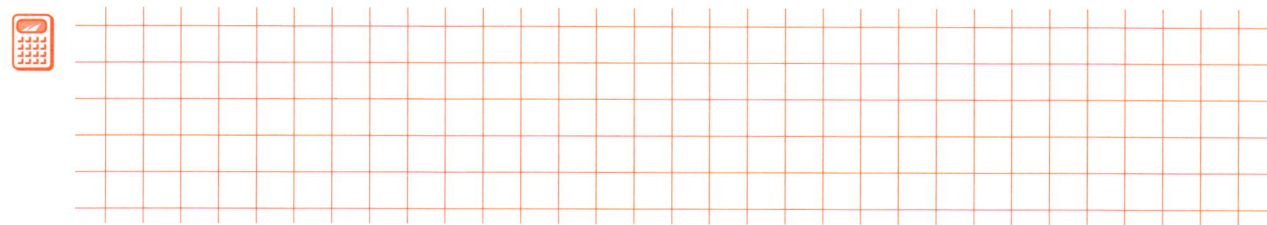

2 In der Tabelle sind Masse, Gewichtskraft oder Volumen angegeben. Ergänze die Tabelle.

Masse m		100 g Eisen		2,5 kg Wasser		
Gewichtskraft F_G			1 N Aluminium			100 N Quecksilber
Volumen V	100 ml Wasser				5 l Benzin	

Kraftwandler

1 Im Alltag verwendet man ein- und zweiseitige Hebel. Ergänze in den Skizzen die Kraftpfeile.

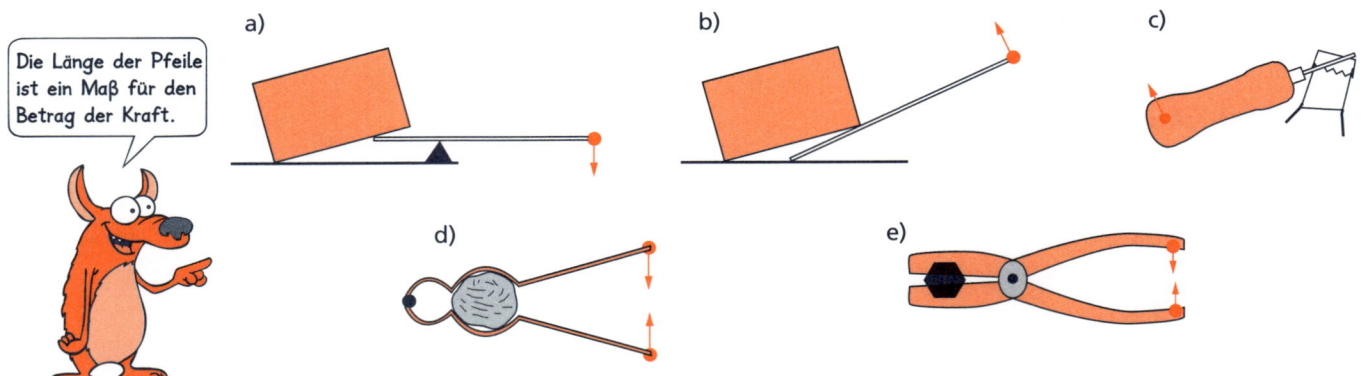

Die Länge der Pfeile ist ein Maß für den Betrag der Kraft.

2 Die Hebel sollen sich im Gleichgewicht befinden. Ergänze die Werte, die in den Tabellen fehlen. Prüfe experimentell, ob deine Überlegungen richtig sind.

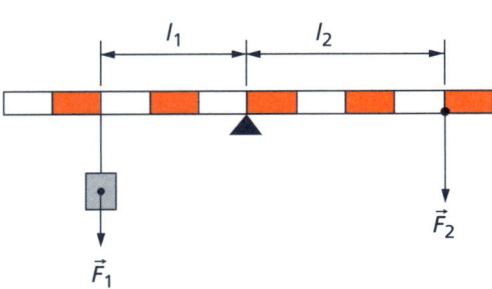

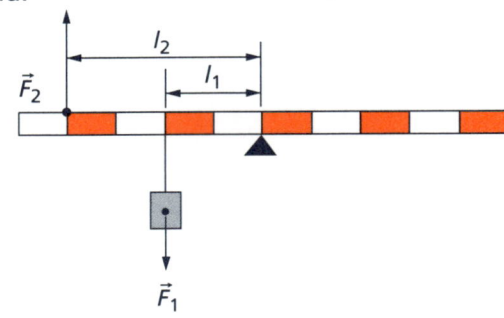

	F_1	l_1	F_2	l_2
a)	1 N	3 cm		4 cm
b)	2 N	2 cm	4 N	
c)		5 cm	10 N	1 cm

	F_1	l_1	F_2	l_2
a)	1 N	2 cm		4 cm
b)		4 cm	10 N	1 cm
c)	2 N		6 N	1 cm

3 Die Hebel befinden sich im Gleichgewicht. Markiere jeweils die Drehachse. Jede rote und jede weiße Markierung am Hebel entspricht einem Zentimeter.

a)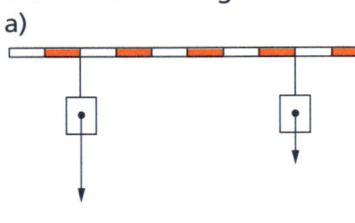

$F_1 = 4$ N $F_2 = 2$ N

b)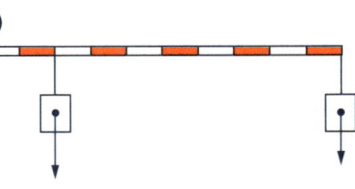

$F_1 = 10$ N $F_2 = 6$ N

c) $F_2 = 0{,}5$ N

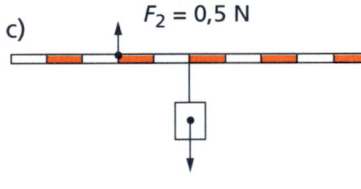

$F_1 = 1$ N

Vom Tragen zur Goldenen Regel der Mechanik — 23

4 Untersuche an einer losen Rolle den Zusammenhang
a) zwischen der Zugkraft $\vec{F}_Z$ und der Gewichtskraft $\vec{F}_L$ des angehängten Körpers,
b) zwischen dem Zugweg s_Z und dem Lastweg s_L.

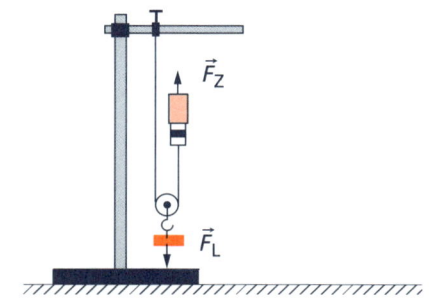

Durchführung:
a) Miss für 3 verschiedene Lasten die Kräfte $\vec{F}_Z$ und $\vec{F}_L$. Trage die Messwerte in die Tabelle ein.
b) Miss für 3 verschiedene Fälle die Wege s_Z und s_L. Trage die Messwerte in die Tabelle ein.

Nr.	F_Z in N	F_L in N
1		
2		
3		

Nr.	s_Z in cm	s_L in cm
1		
2		
3		

Auswertung:
Welcher Zusammenhang besteht zwischen $\vec{F}_Z$ und $\vec{F}_L$?

___

Welcher Zusammenhang besteht zwischen s_Z und s_L?

___

Wodurch kann die Genauigkeit der Messergebnisse beeinflusst worden sein?

___

5 Rollen sind verschieden angeordnet. Die Gewichtskraft des angehängten Körpers beträgt jeweils 10 N. Welche Zugkraft ist mindestens erforderlich, um die Last nach oben zu bewegen? Die Gewichtskräfte von Rollen und Seil werden vernachlässigt. Welche Aussage kann über die Wege getroffen werden?

a) 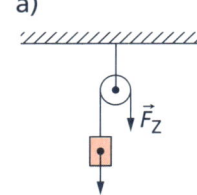 b) 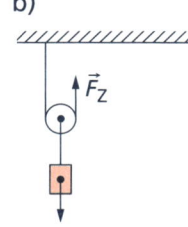 c) 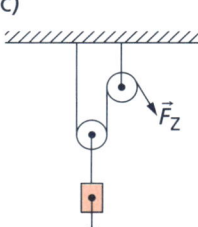 d) 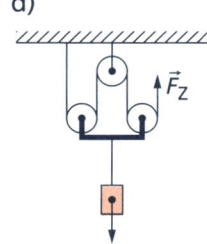 e)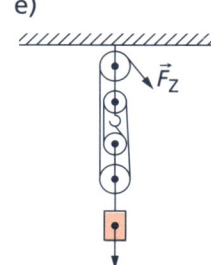

Mechanische Energie und Arbeit

1 Welche Energieumwandlungen vollziehen sich bei den dargestellten Vorgängen?

_____ _____ _____
_____ _____ _____
_____ _____ _____
_____ _____ _____

2 Ein Gewichtheber hebt eine Hantel vom Boden in eine bestimmte Höhe.
a) Welche Art von Arbeit verrichtet der Gewichtheber?

_____

b) Wie groß ist die von ihm verrichtete Arbeit, wenn die Hantel eine Masse von 120 kg hat und um 1,20 m gehoben wird?

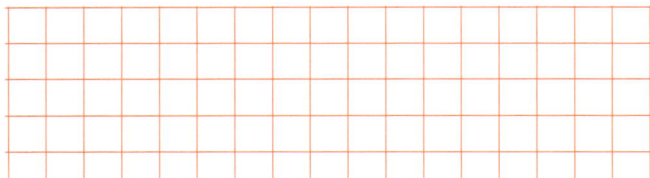

3 Ein Kran hebt verschiedene Lasten vom Boden aus in unterschiedliche Höhen. Vergleiche die verrichtete Arbeit jeweils in den Fällen A und B miteinander. Begründe deine Antwort.

a) 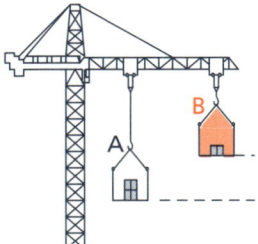   b) 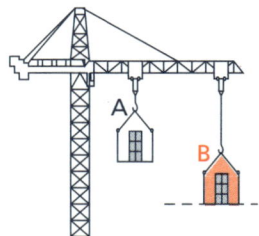   c)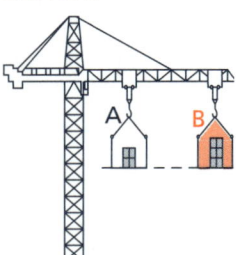

_____ _____ _____
_____ _____ _____
_____ _____ _____
_____ _____ _____

Vom Tragen zur Goldenen Regel der Mechanik — 25

Teste dich selbst

Setze die Druckbuchstaben der richtigen Antworten der Reihe nach in das Lösungswort unten ein. Das kann bei einer Aufgabe auch mehr als ein Buchstabe sein. Ob du richtig geantwortet hast, kannst du unten prüfen, wenn du mithilfe der Buchstaben das Lösungswort findest.

1 Wie groß ist der Betrag der Kraft, wenn gilt: 1 cm ≙ 300 N?
- U 900 N,
- G 1 050 N,
- L 1,05 kN.

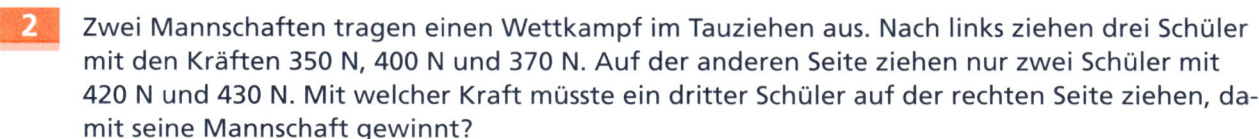

2 Zwei Mannschaften tragen einen Wettkampf im Tauziehen aus. Nach links ziehen drei Schüler mit den Kräften 350 N, 400 N und 370 N. Auf der anderen Seite ziehen nur zwei Schüler mit 420 N und 430 N. Mit welcher Kraft müsste ein dritter Schüler auf der rechten Seite ziehen, damit seine Mannschaft gewinnt?
- B 260 N,
- E 270 N,
- A 280 N.

3 Die Gewichtskraft eines Körpers kann man berechnen mit der Gleichung
- L $F = m \cdot s$,
- I $F = m \cdot g$,
- P $F = m \cdot g \cdot h$.

4 Wenn ein Ball aus einer bestimmten Höhe auf den Boden aufprallt, dann
- D erreicht er nach dem Aufprall wieder seine ursprüngliche Höhe,
- T ist seine Höhe nach dem Aufprall kleiner als seine ursprüngliche Höhe,
- E ist seine Höhe nach dem Aufprall größer als seine ursprüngliche Höhe.

5 Die potenzielle Energie eines gehobenen Körpers ist umso größer,
- R je schwerer der Körper ist,
- C je schneller er sich bewegt,
- E je höher er gehoben wird.

6 In welchen der Fälle I , K und B ist die Arbeit, die zum Heben der Körper im Regal verrichtet wurde, genauso groß wie im links skizzierten Fall?

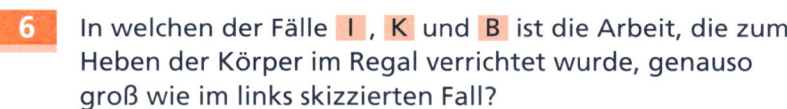
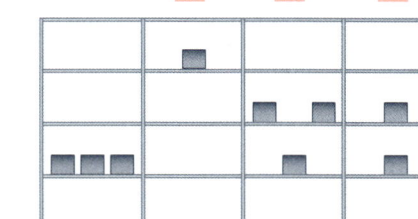

7 Ein zweiseitiger Hebel ist im Gleichgewicht, wenn
- H links und rechts die gleichen Kräfte wirken,
- U die Produkte aus Kraft und Kraftarm links und rechts gleich groß sind,
- E die Kraftarme rechts und links gleich lang sind.

8 Die Goldene Regel der Mechanik macht eine Aussage über Kräfte und Wege bei der Nutzung von Kraftwandlern. Sie besagt:
- N Was man an Kraft spart, muss man an Weg zusetzen.
- G Kraft und Weg sind umgekehrt proportional.
- R Durch die Nutzung von Kraftwandlern wird Arbeit gespart.

Das Lösungswort heißt: _____

Schwimmen, schweben, sinken

Druck und Druckkraft

1 Auf einer ebenen Fläche liegen würfelförmige Kisten, von denen jede eine Gewichtskraft von 200 N hat. Die Auflagefläche einer Kiste beträgt 1 000 cm².

a) Die Auflagefläche ist in allen Fällen gleich groß. Berechne den jeweiligen Auflagedruck.

(I)
(II)
(III)

p_1 = ____________________

p_2 = ____________________

p_3 = ____________________

b) Die Druckkraft ist in allen Fällen gleich groß. Berechne den jeweiligen Auflagedruck.

(I)
(II)
(III)

p_1 = ____________________

p_2 = ____________________

p_3 = ____________________

c) Ergänze den folgenden Satz.

Bei gleicher __________ ist der Auflagedruck umso größer, je __________ ____________________.

d) Ergänze den folgenden Satz.

Bei gleicher __________ ist der Auflagedruck umso größer, je __________ ____________________.

2 Auf einen Kolben wirkt eine Kraft.

a) Wie groß ist der jeweilige Kolbendruck?

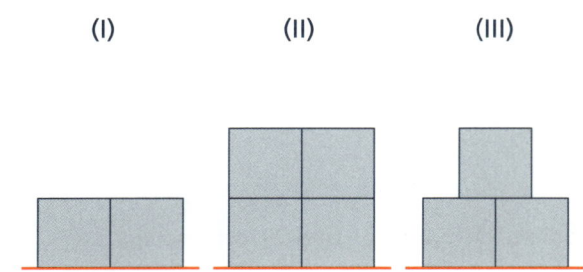

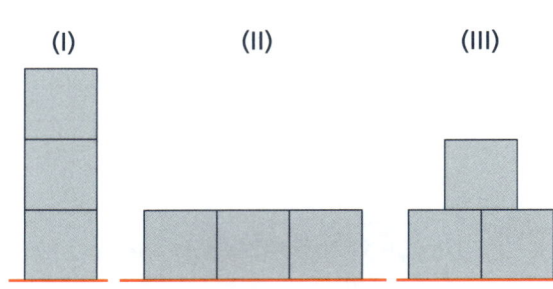

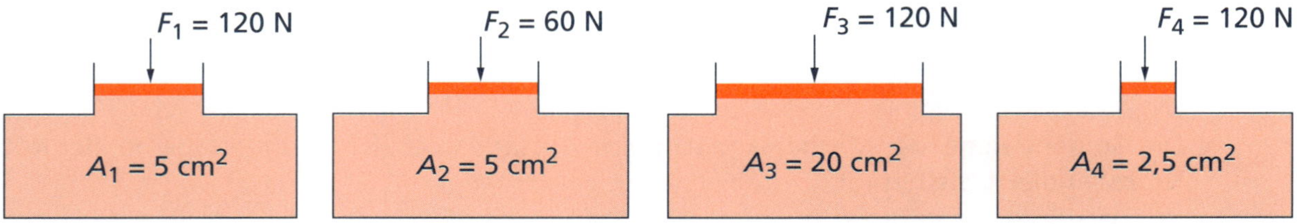

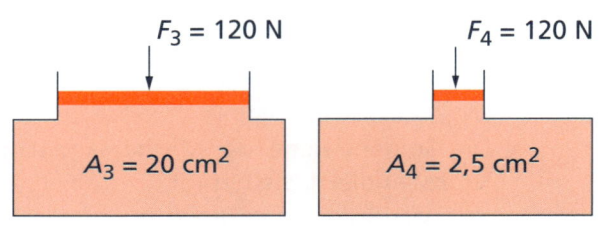

F_1 = 120 N
A_1 = 5 cm²
F_2 = 60 N
A_2 = 5 cm²
F_3 = 120 N
A_3 = 20 cm²
F_4 = 120 N
A_4 = 2,5 cm²

p = __________ p = __________ p = __________ p = __________

3 Beschreibe eine einfache hydraulische Anlage, bei der man durch eine kleine Kraft an einem Kolben eine möglichst große Kraft an einem zweiten Kolben hervorrufen kann.

____

____

Schweredruck

1 Die Flüssigkeitssäule in einem U-Rohr-Manometer befindet sich in unterschiedlichen Positionen. Vergleiche jeweils die Drücke p_1 und p_2 miteinander. Verwende die Zeichen =, < oder >.

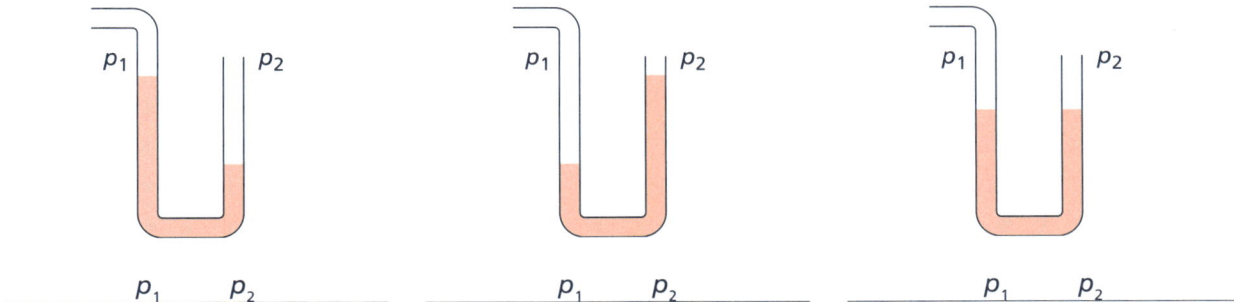

_____ p_1 _____ p_2 _____   _____ p_1 _____ p_2 _____   _____ p_1 _____ p_2 _____

2 In den Skizzen sind einige verbundene Gefäße dargestellt. In diesen Gefäßen befindet sich Wasser oder eine andere Flüssigkeit. Zeichne jeweils den Flüssigkeitsstand ein. Begründe.

_____

_____

3 Vergleiche den Druck p am Boden und die Druckkraft $\vec{F}$ auf den Boden der drei Gefäße. In den Gefäßen befindet sich die gleiche Flüssigkeit. Verwende die Zeichen =, < oder >. Die Pfeile geben nur die Richtung der Kraft an.

a)   b)   c)

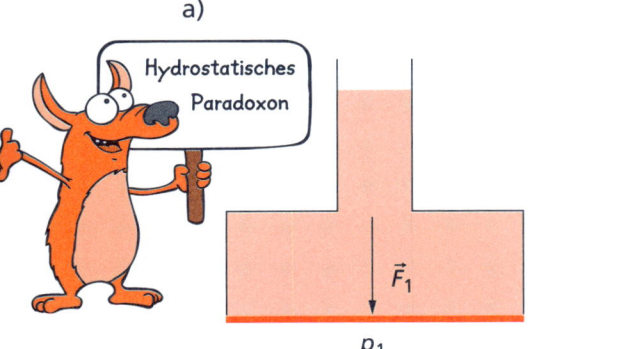 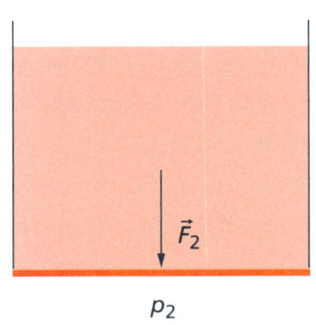 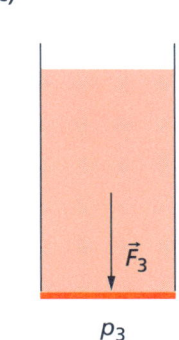

_____ p_1 _____ p_2 _____   _____ F_1 _____ F_2 _____

_____ p_2 _____ p_3 _____   _____ F_2 _____ F_3 _____

_____ p_1 _____ p_3 _____   _____ F_1 _____ F_3 _____

Auftrieb

1 Untersuche experimentell den Zusammenhang zwischen der auf einen Körper wirkenden Auftriebskraft und der Gewichtskraft des vom Körper verdrängten Wassers.

Vorbereitung:

a) Wie kannst du die Auftriebskraft an einem Körper experimentell bestimmen? Welche Größen musst du messen? Wie kannst du aus den Messwerten die Auftriebskraft berechnen?

Zu messende Größen:

_____

_____

Berechnen der Auftriebskraft:

$F_A =$ _____

b) Wie kannst du die Gewichtskraft des vom Körper verdrängten Wassers bestimmen? Welche Größe musst du dazu messen? Wie kannst du die Gewichtskraft des Wassers berechnen?

Zu messende Größen:

_____

Berechnen der Gewichtskraft des verdrängten Wassers:

c) Vervollständige den Kopf der Messwertetabelle.

Körper Nr.	F_G des Körpers in ___	F in Wasser in ___	V in ___	F_A in ___	F_G des Wassers in ___
1					
2					
3					
4					
5					

Schweben, schwimmen, sinken 29

Durchführung:
a) Nimm die Messungen mit der nebenstehenden Versuchsanordnung vor.

b) Führe die Messungen für fünf verschiedene Körper durch.
c) Trage die Messwerte in die Tabelle auf der Seite 28 ein.

Auswertung:
a) Welcher Zusammenhang besteht zwischen der auf den Körper wirkenden Auftriebskraft und der Gewichtskraft des verdrängten Wassers?

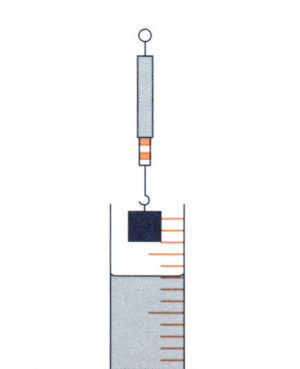

Probiere auch hohle Körper aus.

_____
_____

b) Formuliere den Zusammenhang als Gleichung.

_____

c) Wodurch könnte die Genauigkeit der Messergebnisse beeinflusst worden sein?

_____

2 Ein Heißluftballon kann steigen, schweben und sinken. Zeichne in die Abbildungen jeweils die entsprechenden Auftriebskräfte ein. Vergleiche F_A und F_G. Verwende die Zeichen =, < oder >.

Steigen

_____ F_A _____ F_G _____

Schweben

_____ F_A _____ F_G _____

Sinken

_____ F_A _____ F_G _____

3 Den dynamischen Auftrieb kannst du mit einem einfachen Experiment nachweisen. Lege eine gewölbte Postkarte über eine Stricknadel oder einen stabilen Draht. Blase mit einem Föhn dagegen. Beschreibe und erkläre deine Beobachtungen.

_____
_____
_____
_____

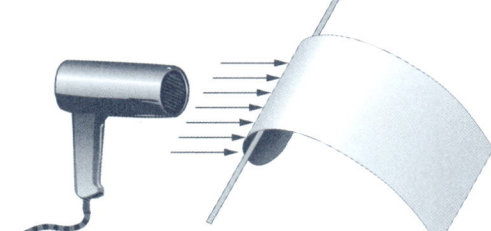

© Duden Paetec GmbH. Alle Rechte vorbehalten. Internet: www.duden-schulbuch.de

Luftdruck

1 Das Diagramm zeigt die Abhängigkeit des Luftdrucks von der Höhe über der Erdoberfläche.
a) Beschreibe in Worten den Zusammenhang zwischen Luftdruck p und Höhe h.

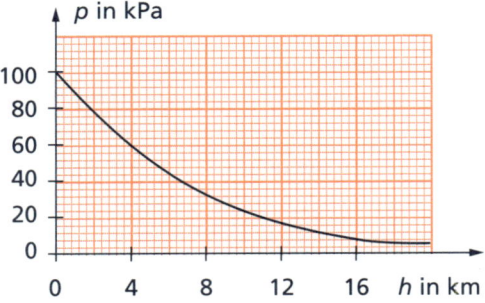

b) Ergänze anhand des Diagramms die nachfolgende Tabelle. Trage in die letzte Spalte Höhe und normalen Luftdruck deines Heimatorts ein.

Höhe h	Reiseflughöhe eines Flugzeugs (10 000 m)	Höchster Berg Europas (Montblanc, 4 807 m)	Heimatort
Luftdruck p			

2 Der Luftdruck wird in verschiedener Weise genutzt. Zeichne die Kräfte ein, die infolge des Luftdrucks wirken. Erkläre die Wirkungsweise der dargestellten Anordnungen.

a) Konservenglas

b) Trinken mit Trinkröhrchen

3 Führe folgendes Experiment mit einem Einweckglas durch:
Stelle eine kleine Kerze in das Glas, zünde die Kerze an. Lege einen feuchten Gummiring auf den Glasrand, und lege darauf den Deckel. Versuche, nach Verlöschen der Kerze den Deckel abzuheben. Beschreibe deine Beobachtungen. Erkläre sie.

Schweben, schwimmen, sinken

Teste dich selbst

Setze die Druckbuchstaben der richtigen Antworten der Reihe nach in das Lösungswort unten ein. Das kann bei einer Aufgabe auch mehr als ein Buchstabe sein. Ob du richtig geantwortet hast, kannst du unten prüfen, wenn du mithilfe der Buchstaben das Lösungswort findest.

1 Aus dem Druck-Tiefe-Diagramm von Wasser kann Folgendes abgelesen werden:
- **F** Zwischen dem Schweredruck p und der Wassertiefe h besteht direkte Proportionalität.
- **E** Je 10 m Tiefe nimmt der Schweredruck im Wasser um 10 kPa = 0,1 bar zu.
- **G** Die Gerade zeigt: Der Schweredruck verändert sich nicht.

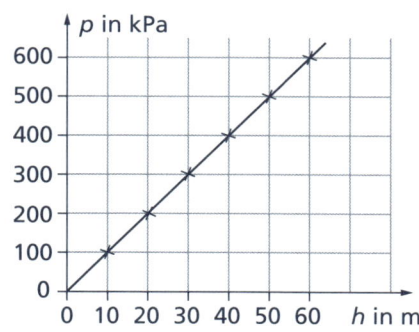

2 Ein U-Boot taucht ab, wenn
- **A** seine Gewichtskraft gleich der Auftriebskraft ist, die an ihm wirkt,
- **L** die Tauchzellen mit Wasser gefüllt sind,
- **I** seine Gewichtskraft größer als die Auftriebskraft ist, die an ihm wirkt,
- **N** Wasser mit Druckluft aus den Tauchzellen herausgepresst wird.

3 Für hydraulische Anlagen im Gleichgewicht gilt:
- **N** $\dfrac{F_1}{F_2} = \dfrac{A_2}{A_1}$
- **E** $\dfrac{F_1}{F_2} = \dfrac{A_1}{A_2}$
- **S** $\dfrac{F_1}{A_1} = \dfrac{A_2}{F_2}$

Der Druck ist auf beiden Seiten gleich.

4 In einer bestimmten Tiefe ist der Schweredruck in Salzwasser etwas größer als in Leitungswasser. Das liegt daran, weil Salzwasser
- **A** eine andere chemische Zusammensetzung als Leitungswasser hat,
- **G** eine etwas größere Dichte als Leitungswasser hat,
- **C** je Liter eine etwas kleinere Masse als Leitungswasser hat.

5 Drei Wasserbehälter sind gleich hoch mit Wasser gefüllt. Wie verhält sich die Druckkraft auf die Bodenflächen?
- **K** Im Gefäß mit dem meisten Wasser ist die Druckkraft am größten.
- **H** Bei C ist die Druckkraft am geringsten.
- **E** Die Druckkraft ist in allen drei Fällen groß.

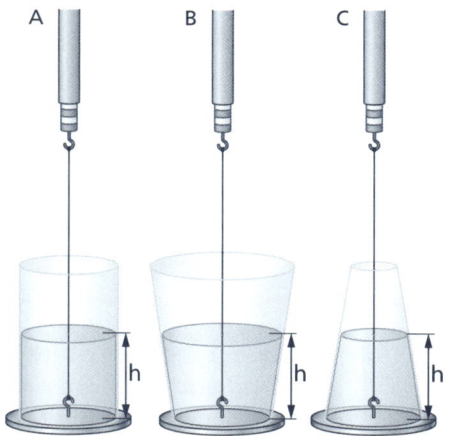

6 Das Wort Luftdruck bezeichnet
- **N** den Schweredruck der Luft,
- **E** den Auflagedruck der Luft,
- **R** den Auftrieb der Luft.

Das Lösungswort heißt: _____

Körper bewegen

Ruhe, Bewegung und Zeit

1 Nachfolgend sind Beispiele für Bewegungen dargestellt. Gib an, ob sich die Personen in Ruhe oder in Bewegung befinden. Nenne dabei mögliche Bezugskörper.

a)  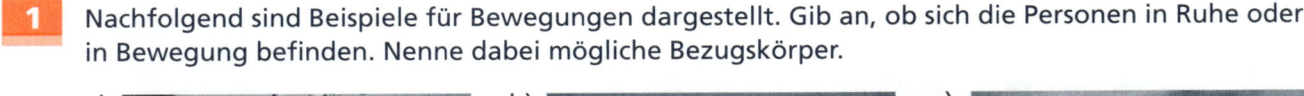 b)  c)

_____   _____   _____
_____   _____   _____
_____   _____   _____
_____   _____   _____

2 Wenn man mit einem Fahrrad fährt, bewegen sich die verschiedenen Teile des Fahrrads in unterschiedlicher Weise. 
a) Welche Bewegungen treten beim Fahren mit konstanter Geschwindigkeit auf gerader Strecke auf? Wähle als Bezugskörper die Radfahrerin bzw. die Fahrbahn.
Bezugskörper Radfahrerin:

_____
_____
_____
_____

Bezugskörper Fahrbahn oder Beobachter am Straßenrand:

_____
_____
_____

b) Markiere mit einem Stück Kreide einen Punkt des vorderen Reifens, sodass man ihn von der Seite und auch von oben sehen kann. Beobachte, skizziere und beschreibe die Bewegung des Kreidestrichs, wenn ein Mitschüler mit dem Rad an dir vorbeifährt.

_____
_____
_____

Körper bewegen 33

3 In den Skizzen sind Körper dargestellt, die sich in Bewegung befinden.
a) Ordne die Bewegungen der Körper in die Tabelle ein.

Pendel einer Uhr

b) Trage weitere Beispiele in die Tabelle ein.

geradlinige Bewegung	Kreisbewegung	Schwingung

4 Über die Fahrt von Personenzügen sind folgende Angaben bekannt. Vervollständige die Tabelle.

92 min sind 1 h 32 min

Abfahrt	Fahrzeit	Ankunft
8.15 Uhr	30 min	
9.08 Uhr	85 min	
10.51 Uhr		14.03 Uhr
	45 min	16.30 Uhr
15.30 Uhr		17.50 Uhr
	1 h 30 min	20.15 Uhr

5 Wiederhole das Umrechnen von Einheiten für Zeiten und Wege.
Rechne folgende Zeiten in die nächstkleinere Einheit um.

a) 4 min = _____

b) 7 h = _____

c) $6\frac{1}{2}$ min = _____

d) 2,5 h = _____

e) $\frac{1}{4}$ h = _____

f) 2 h 13 min = _____

Rechne folgende Zeiten in die nächstgrößere Einheit um.

g) 240 min = _____

h) 180 s = _____

i) 3 600 s = _____

j) 90 min = _____

k) 30 s = _____

l) 10 min = _____

Rechne folgende Wege in die angegebenen Einheiten um.

m) 13,7 km = _____ m

n) 120 mm = _____ cm

o) 2 815 m = _____ km

p) 9,12 m = _____ cm

q) 0,450 km = _____ cm

r) 163,2 dm = _____ m

© Duden Paetec GmbH. Alle Rechte vorbehalten. Internet: www.duden-schulbuch.de

Geschwindigkeit

1 Vervollständige die folgende Tabelle.

Physikalische Größe	Formelzeichen	Einheiten	Messgerät
Zeit			
	s		
Geschwindigkeit			

2 Rechne die Einheiten der Geschwindigkeiten ineinander um. Ergänze die folgende Tabelle:

Geschwindigkeit in $\frac{m}{s}$	Geschwindigkeit in $\frac{km}{h}$
$0{,}5 \ \frac{m}{s}$	
$4{,}0 \ \frac{m}{s}$	
	$36 \ \frac{km}{h}$
	$5{,}0 \ \frac{km}{h}$
$100 \ \frac{m}{s}$	
	$120 \ \frac{km}{h}$

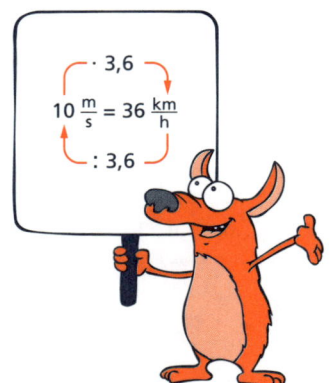

$$10 \ \frac{m}{s} = 36 \ \frac{km}{h}$$
(· 3,6 / : 3,6)

3 Im Diagramm sind Messwerte für die Bewegung eines Radfahrers dargestellt.

a) Führt der Radfahrer eine gleichförmige Bewegung aus? Begründe.

_____

_____

_____

b) Ergänze mithilfe des Diagramms die fehlenden Werte.

s	20 m	40 m				
t			14 s	4 s	9 s	17 s

Augenblicks- und Durchschnittsgeschwindigkeit

1 Vervollständige den folgenden Lückentext:

Wenn sich ein Fahrzeug _____ bewegt, kann seine Geschwindigkeit für jeden Ort der Bewegung mit der Gleichung _____ berechnet werden.

Diese Geschwindigkeit entspricht der _____ des Fahrzeugs.

Sie wird mit einem _____ gemessen.

Wenn sich das Fahrzeug _____ bewegt, ist zwischen seiner Augenblicksgeschwindigkeit und seiner _____ zu unterscheiden.

Die Durchschnittsgeschwindigkeit ist ein _____ . Dieser Wert sagt nichts darüber aus, wie _____ sich das Fahrzeug zu einem bestimmten Zeitpunkt bewegt.

2 Im Buchstabenfeld sind 10 physikalische Begriffe versteckt. Finde sie heraus und markiere sie farbig.

Ich habe den Begriff WEG schon gefunden!

A	F	G	H	I	N	G	L	E	R	U	Z
N	Z	E	I	T	I	E	A	**W**	**E**	**G**	U
R	O	R	W	M	S	S	Ö	L	L	E	G
E	V	B	A	U	N	C	H	E	E	L	I
T	Ä	A	B	X	J	H	D	Q	H	Z	M
E	D	N	I	O	L	W	E	S	U	O	R
M	I	D	A	D	H	I	C	T	R	H	Ö
O	G	M	B	A	H	N	F	O	R	M	F
H	R	A	D	K	I	D	N	P	M	K	H
C	H	S	I	E	L	I	O	P	U	P	C
A	V	S	N	T	R	G	W	U	L	A	I
T	E	Q	U	R	O	K	U	H	E	I	E
B	P	Z	T	S	E	E	Ö	R	O	L	L
A	N	S	C	H	W	I	N	G	U	N	G
J	E	N	K	R	E	T	E	M	Ö	Z	T
W	A	R	K	T	U	C	H	E	L	N	E

36 Körper bewegen

Teste dich selbst

Setze die Druckbuchstaben der richtigen Antworten der Reihe nach in das Lösungswort unten ein. Das kann bei einer Aufgabe auch mehr als ein Buchstabe sein. Ob du richtig geantwortet hast, kannst du unten prüfen, wenn du mithilfe der Buchstaben das Lösungswort findest.

1 Ein Körper kann gleichzeitig in Ruhe und in Bewegung sein. Um das zu entscheiden, muss ein Bezugskörper gewählt werden. Ein Schüler, der im fahrenden Schulbus sitzt, ist
- **B** in Ruhe in Bezug auf die Sitze im Bus,
- **E** in Bewegung in Bezug auf Bäume und Häuser an der Strecke,
- **W** in Bewegung gegenüber einem Mitschüler, der den Gang im Bus entlang läuft.

2 Die Fotos zeigen Körper in verschiedenen Bewegungsarten. Welche Beschreibung der jeweiligen Bewegungsart ist zutreffend?

a)  b)  c)

- **E** Der Zeiger des Metronoms führt eine Schwingung aus.
- **G** Der ICE bewegt sich geradlinig.
- **H** Die Personen im Karussell bewegen sich ständig zwischen zwei Punkten hin und her.
- **I** Der ICE führt eine krummlinige Bewegung aus.

3 Das nebenstehende Weg-Zeit-Diagramm wurde für die Bewegung eines Körpers aufgenommen. Welche Aussagen treffen zu?
- **T** Der Körper wird immer schneller.
- **U** Der Körper bewegt sich gleichförmig.
- **V** Der Körper bewegt sich auf einer ansteigenden Straße.
- **L** Der Körper wird immer langsamer.

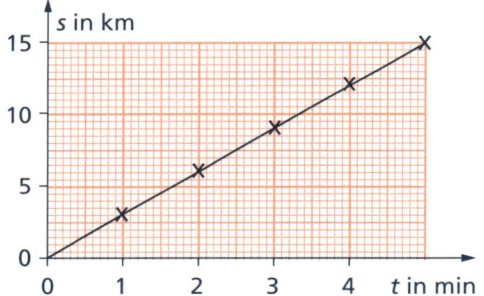

4 Für die Bewegung eines Radfahrers ergibt sich das folgende Diagramm: Welche Aussagen sind richtig?
- **N** In Abschnitt I bewegt sich der Radfahrer gleichförmig.
- **O** In Abschnitt II legt er in 20 Sekunden einen Weg von 100 m zurück.
- **G** In Abschnitt III ist seine Geschwindigkeit größer als in Abschnitt I.

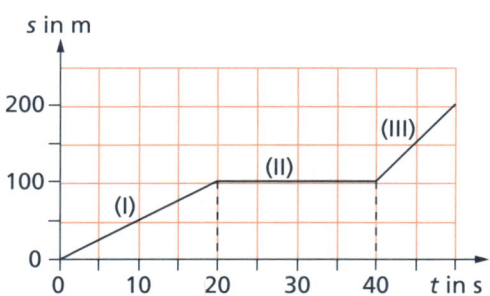

Das Lösungswort heißt: _____

Ladungen trennen – Magnete ordnen

Magnete und magnetisches Feld

1 Zwischen Magneten wirken Kräfte. Beweglich gelagerte kleine Magnete bewegen sich so, wie es in den Skizzen dargestellt ist.
Zeichne die Magnetpole ein (Nordpol: rot, Südpol: grün). Begründe jeweils deine Entscheidung.

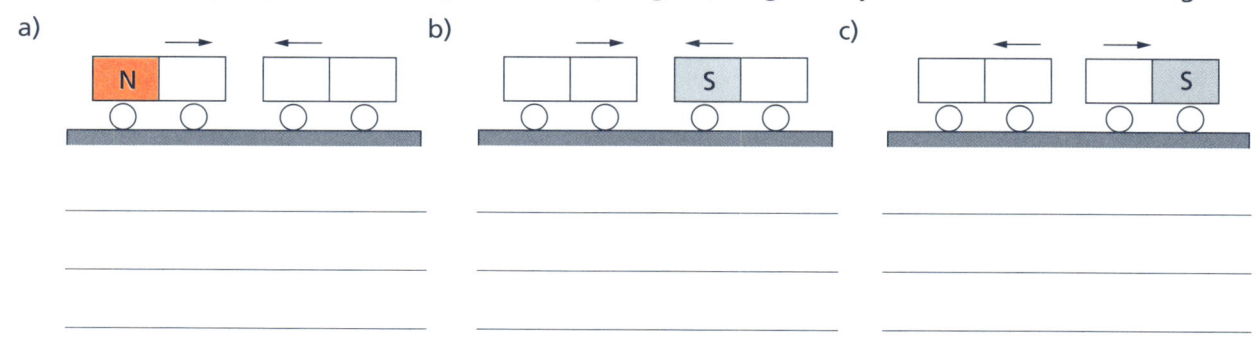

a) b) c)

2 Nachfolgend sind die Feldlinienbilder eines Stabmagneten und eines Hufeisenmagneten dargestellt. An die markierten Stellen werden kleine, drehbar gelagerte Magnete gebracht. Zeichne ein, wie sich diese kleinen Magnete ausrichten. Markiere den Nordpol dieser kleinen Magnete rot.

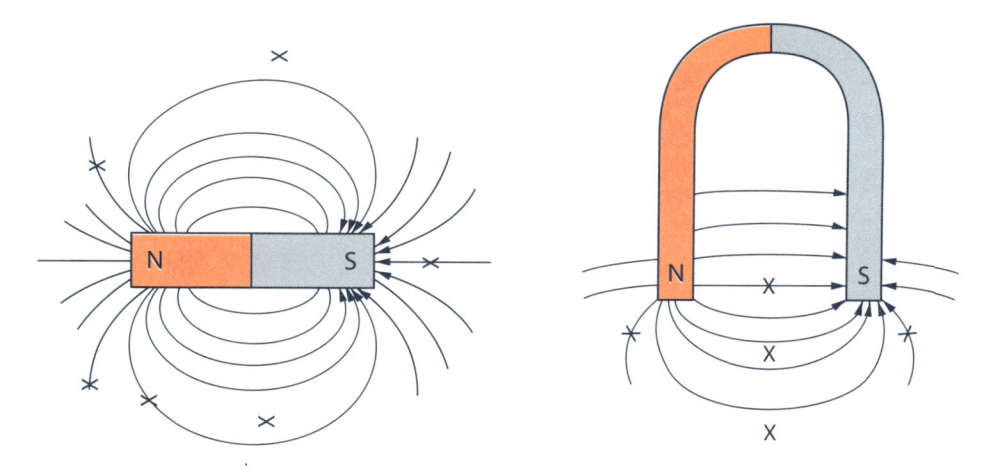

3 Das Feldlinienbild auf der rechten Seite zeigt das Feld eines zylindrischen Stabmagneten. Angenommen, du würdest nicht von oben, sondern von rechts oder links auf den Magneten schauen und ein entsprechendes Feldlinienbild malen. Wie sähe das aus? Begründe.

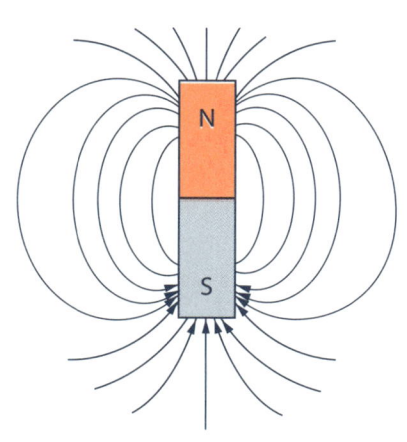

Du könntest den Magneten auch umdrehen.

Ladungen trennen – Magnete ordnen

4 Betrachte die in den Abbildungen dargestellten Magnete. Keiner von ihnen bewegt sich.

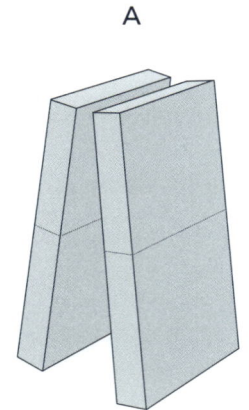

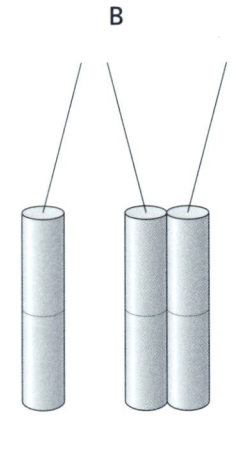

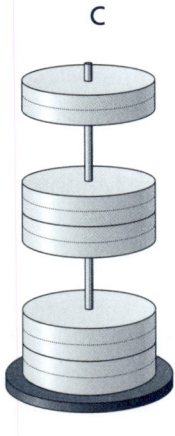

A   B   C

a) Zeichne die Nord- und Südpole ein.
b) Begründe, warum die Pole der Magneten auch genau umgekehrt angeordnet sein könnten.

_____

_____

c) Was wird geschehen, wenn in Abbildung C der obere Magnet entfernt wird?

_____

_____

_____

5 Rechts siehst du das Muster, das Eisenfeilspäne im Feld von vier Stabmagneten gebildet haben.
a) Zeichne die Magnete ein, die dieses Muster erzeugt haben.
b) Ist das die einzige Möglichkeit? Begründe.

_____

_____

_____

6 Eines kannst du aus einem Feldlinienbild, aber nicht aus dem Muster von Eisenspänen ablesen, und zwar

☐ die Stellen, an denen das Feld am stärksten ist,
☐ die Form des Magnetfeldes,
☐ die Richtung der Feldlinien.

Kreuze die richtige Antwort an.

Ladungen trennen – Magnete ordnen

Elektrisch geladene Körper

1 In der Skizze ist das Modell eines Atoms dargestellt.
a) Benenne die gekennzeichneten Teile.

A: _____
B: _____
C: _____

b) Wie ist der Atomkern und wie sind die Teilchen in der Atomhülle geladen?

_____
_____
_____

2 Zwei kleine Kugeln sind an Fäden aufgehängt. Die Kugeln sind elektrisch geladen. Zeichne die Ladung der zweiten Kugel ein. Begründe.

_____
_____
_____

_____
_____
_____

_____
_____
_____

3 Beschreibe den Aufbau und die Wirkungsweise des abgebildeten Elektroskops.

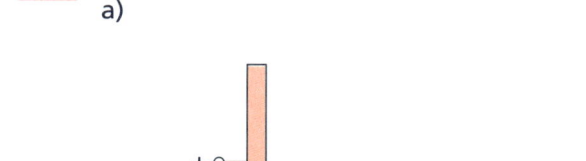

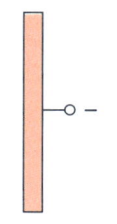

_____
_____
_____
_____

4 Zeichne die Feldlinienbilder des elektrischen Felds.
a)   b)

40 Ladungen trennen – Magnete ordnen

5 Manchmal hilft es, einen elektrischen Stromkreis mit einem Wasserstromkreis zu vergleichen. Denn Wasser kann man sehen, die fließenden Ladungen im Stromkreis nicht.

a) Vervollständige die Tabelle, indem du die Bauteile im Wasserkreislauf nennst, die den elektrischen Bauteilen entsprechen.

Elektrischer Stromkreis	Lampe	Batterie	Schalter	Leitungen/Kabel
Wasserstromkreis				

b) Die folgende Abbildung zeigt einen elektrischen Stromkreis. Zeichne den Wasserstromkreis, der dem elektrischen Stromkreis entspricht.

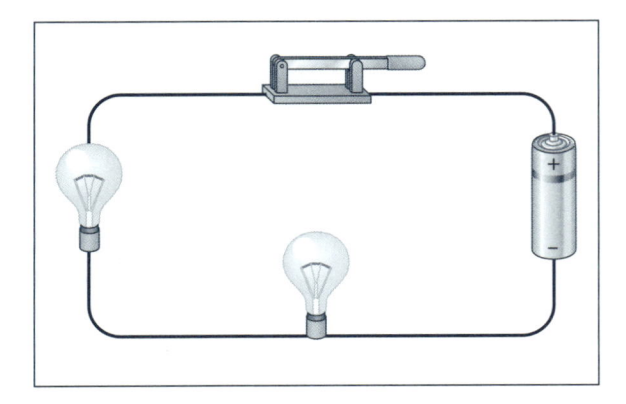

6 Elektrischer Strom kann für den Menschen sehr gefährlich sein. Deshalb sind Schutzmaßnahmen erforderlich. Nenne einige wichtige Regeln im Umgang mit elektrischem Strom.

_____
_____
_____
_____
_____

7 Wenn es blitzt und donnert, kann das faszinierend sein. Aber wenn zwischen Blitz und Donner weniger als zehn Sekunden vergehen, wird es langsam gefährlich. Welche Regeln solltest du beachten, wenn ein Gewitter naht?

_____
_____
_____
_____
_____

© Duden Paetec GmbH. Alle Rechte vorbehalten. Internet: www.duden-schulbuch.de

Ladungen trennen – Magnete ordnen

Teste dich selbst

Setze die Druckbuchstaben der richtigen Antworten der Reihe nach in das Lösungswort unten ein. Das kann bei einer Aufgabe auch mehr als ein Buchstabe sein. Ob du richtig geantwortet hast, kannst du unten prüfen, wenn du mithilfe der Buchstaben das Lösungswort findest.

1 Durch Magnete werden Körper aus folgenden Stoffen angezogen:
- A Kupfer,
- M Eisen,
- Q Aluminium.

2 Ein Kompass dient zur Bestimmung der Himmelsrichtungen. Der Nordpol einer Kompassnadel zeigt
- U in Richtung des geografischen Südpols der Erde,
- A in Richtung des geografischen Nordpols der Erde,
- G genau in Richtung des magnetischen Südpols der Erde.

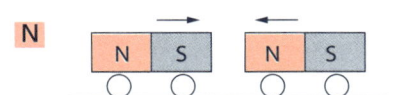

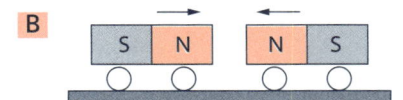

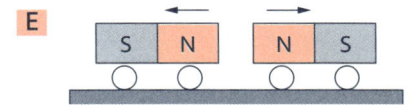

3 Zwischen Magneten wirken Kräfte. Beweglich gelagerte kleine Magnete wie in den Abbildungen können sich nähern bzw. voneinander entfernen. In welcher Abbildung ist der Vorgang richtig dargestellt worden?

N [N S] → ← [N S]   B [S N] → ← [N S]   E [S N] ← → [N S]

4 Ein Kamm ist durch Reiben mit einem Wolltuch negativ geladen worden. Das heißt:
- K Er hat Elektronenmangel.
- T Er hat Elektronenüberschuss.
- E Er besteht aus Atomen, in denen mehr Protonen als Elektronen vorhanden sind.

5 Welche der Atome sind elektrisch neutral?

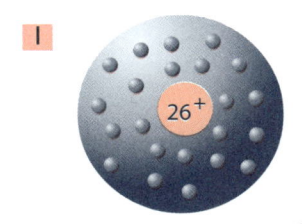

N 6^+ S 13^+ I 26^+

6 Körper können unterschiedlich stark geladen sein. Die elektrische Ladung eines Körpers gibt an,
- F wie viele Ladungsträger durch den Körper fließen,
- A wie groß der Elektronenüberschuss ist,
- D wie groß der Elektronenmangel ist.

7 Ein Elektroskop wurde geladen. Der Zeiger schlägt aus. Wenn man dann mit einem negativ geladenen Körper die obere Kugel berührt,
- E kann der Zeiger weiter ausschlagen,
- L kann der Zeiger in die Nulllage zurückgehen,
- P bleibt der Zeiger in seiner Stellung.

Das Lösungswort heißt: _____

Wirkungen bewegter Ladungen

Elektrische Stromkreise

1 Die Bilder zeigen verschiedene elektrische Bauteile. Gib jeweils die Bezeichnung und das Schaltzeichen des Bauteils an.

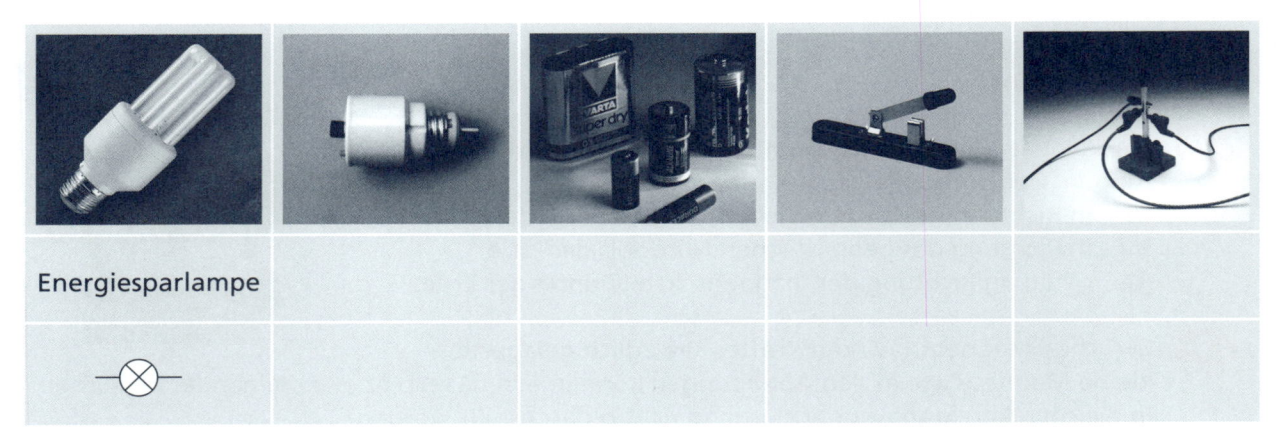

Energiesparlampe				
─⊗─				

2 Baue einen einfachen Stromkreis auf.
Vorbereitung:
Zeichne in den Kasten einen Schaltplan für einen Stromkreis mit einer Spannungsquelle, einer Glühlampe und einem Schalter.

Durchführung:
a) Ordne zunächst alle Bauteile auf dem Tisch so an, wie es im Schaltplan gezeichnet ist. Verbinde danach die Bauteile mit elektrischen Leitungen. Probiere aus, ob die Glühlampe beim Schließen des Schalters leuchtet.
b) Baue den Schalter an einer anderen Stelle des Stromkreises ein, und probiere erneut.

3 Das Foto zeigt eine Experimentieranordnung. Zeichne den zugehörigen Schaltplan daneben. Benenne die dargestellten Bauteile.

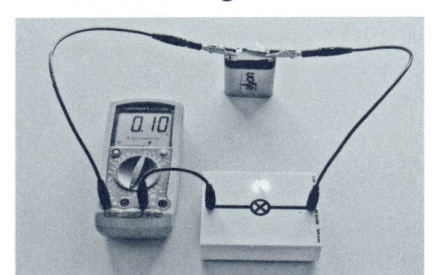

4 Elektrischer Strom kann verschiedene Wirkungen haben. Nenne Beispiele dafür, bei welchen Geräten oder Anlagen diese Wirkungen genutzt werden oder auftreten. Trage sie in die Tabelle ein.

Lichtwirkung	Wärmewirkung	magnetische Wirkung	chemische Wirkung

Wirkungen bewegter Ladungen — 43

5 Untersuche, ob verschiedene feste Körper und Flüssigkeiten den elektrischen Strom leiten.

Vorbereitung:
a) Wie könnte man prüfen, ob ein Körper den elektrischen Strom leitet?

_____

_____

b) Ergänze den Schaltplan durch Einzeichnen der Verbindungsleiter.

Durchführung:
Baue die Schaltung nach dem Schaltplan auf. Bringe verschiedene Körper (Nagel, Holzstab, metallische Kugelschreibermine, Bleistiftmine, Lineal aus Kunststoff, aufgebogene Büroklammer, …) in den Stromkreis. Trage deine Untersuchungsergebnisse in die Tabelle ein.

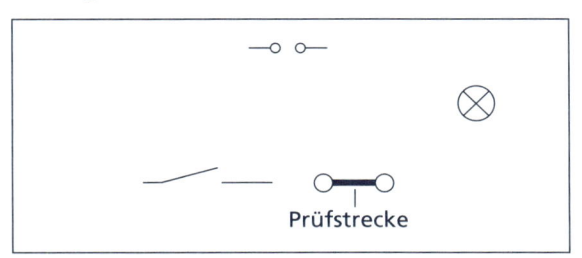

Auswertung:

Körper	Stoff, aus dem der Körper besteht	Leiter oder Isolator

6 Ordne die folgenden Stoffe in die Tabelle ein: Leitungswasser, feuchtes Holz, Stahl, Porzellan, Gummi, trockenes Papier, Schweiß, Gold, trockenes Holz, Glas, Silber, Aluminium, Kunststoff.

Leiter	
Isolatoren	

7 Die Skizze zeigt den Aufbau einer Glühlampe.
a) Welche Wirkung des elektrischen Stroms wird bei einer Glühlampe genutzt? Welche Wirkung ist unerwünscht, aber unvermeidlich?

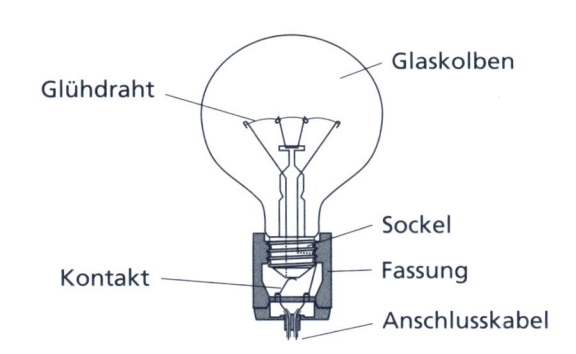

_____

_____

_____

b) Zeichne den Weg des elektrischen Stroms durch die Glühlampe mit farbigen Stift ein.

Stromstärke und Spannung

1 Untersuche experimentell die elektrische Stromstärke in einem verzweigten Stromkreis.

Durchführung:
Baue den Stromkreis nach dem nebenstehenden Schaltplan auf. Miss für verschiedene Spannungen zunächst I und anschließend I_1 bzw. I_2. Trage deine Messwerte in die Tabelle ein.

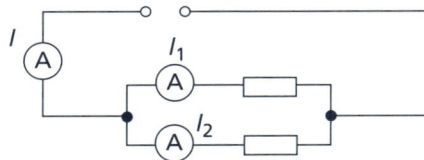

U in V	I in mA	I_1 in mA	I_2 in mA	

Auswertung:

a) Trage in die letzte Spalte der Messwertetabelle $I_1 + I_2$ ein und vergleiche mit I.

_____

b) Welche Schlussfolgerung lässt sich über die elektrische Stromstärke ableiten?

_____
_____

c) Wodurch kann die Genauigkeit der Messwerte beeinflusst worden sein?

_____

2 Rechne die gegebenen Spannungen in der Tabelle in die anderen Einheiten um. Ergänze den Lückentext.

U in kV	U in V	U in mV
	15,8	
1		
	0,42	
380		
		15 000

Die Einheit der elektrischen Spannung ist nach dem italienischen Naturforscher _____ _____ benannt worden. Er lebte von _____ bis _____. Das Messgerät zur Messung der Spannung nennt man _____ oder _____. VOLTA konstruierte auch die ersten _____.

Wirkungen bewegter Ladungen   45

3 Kreuze in der Tabelle an, welche der Aussagen für die Fälle A bis D zutreffen.

A   B   C   D

	A	B	C	D
Es fließt ein elektrischer Strom bei				
Eine elektrische Spannung ist vorhanden bei				
Es fließt ein elektrischer Strom und es tritt eine elektrische Spannung auf				

4 Wo steckt der Fehlerteufel? Korrigiere mit farbigem Stift. Begründe deine Korrektur.

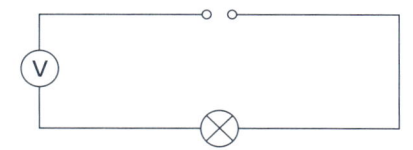

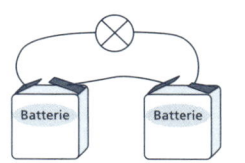

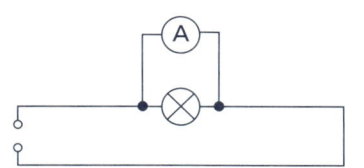

_____   _____   _____
_____   _____   _____
_____   _____   _____

5 Ergänze an den Schaltplänen die fehlenden Stromstärken.

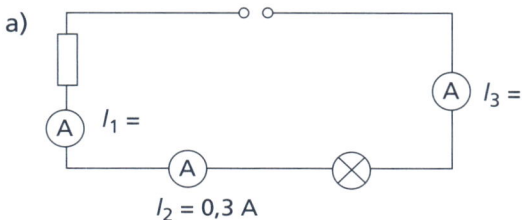

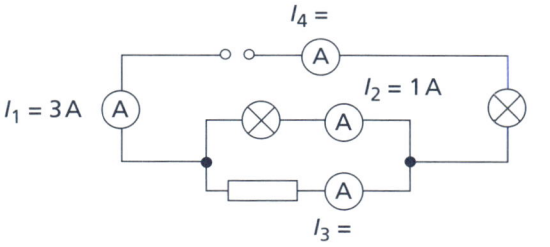

a) $I_1 =$ $I_2 = 0{,}3\,A$ $I_3 =$

b) $I_1 = 3\,A$ $I_2 = 1\,A$ $I_3 =$ $I_4 =$

6 Ergänze an den Schaltplänen die fehlenden Spannungen.

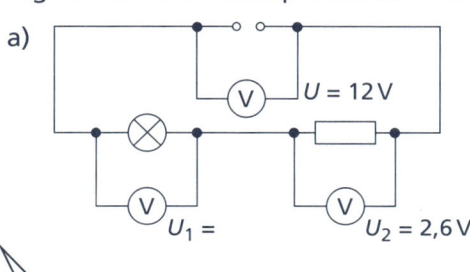

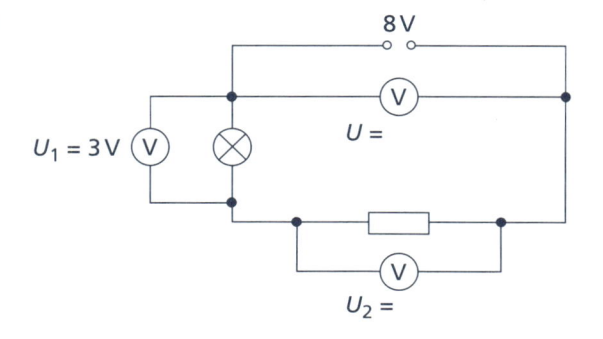

a) $U = 12\,V$ $U_1 =$ $U_2 = 2{,}6\,V$

b) $8\,V$ $U_1 = 3\,V$ $U =$ $U_2 =$

Bei verzweigten Stromkreisen musst du aufpassen.

Elektrischer Widerstand

1 An einem Bauteil wurde die Stromstärke bei verschiedenen Spannungen gemessen. Die Messwerte sind der folgenden Tabelle zu entnehmen:

U in V	I in mA
2	48
4	103
6	147
8	205
10	250

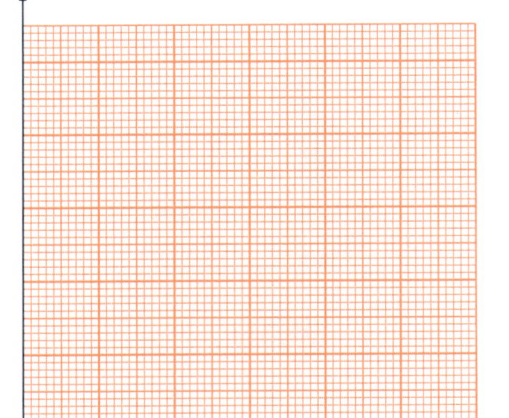

a) Zeichne ein *I-U*-Diagramm.
b) Was lässt sich aus diesem Diagramm über den Zusammenhang zwischen Spannung und Stromstärke ableiten?

c) Ergänze mithilfe des *I-U*-Diagramms die nachfolgende Tabelle.

U in V	1	7	9			
I in mA				75	180	200

d) Wie groß ist der elektrische Widerstand des Bauteils?

2 Im *I-U*-Diagramm sind die Graphen für zwei Bauteile dargestellt.
a) Für welches Bauteil gilt das ohmsche Gesetz? Begründe.

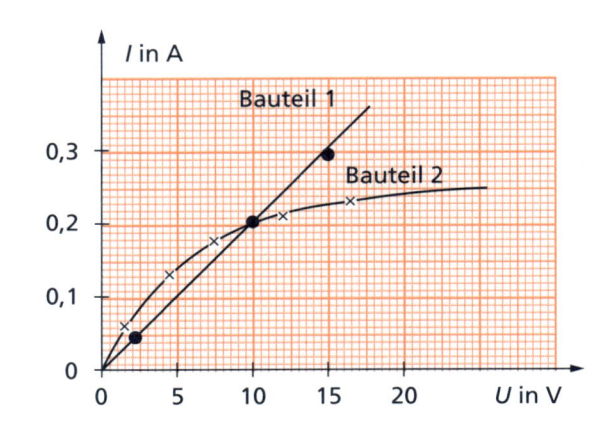

b) Berechne den Widerstand von Bauteil 1.

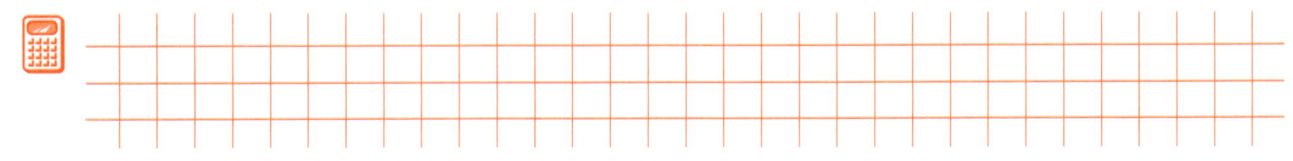

Wirkungen bewegter Ladungen — 47

3 Untersuche experimentell den Zusammenhang zwischen Stromstärke und Spannung an einer Glühlampe und an einem Widerstand aus Konstantandraht. Bestimme den elektrischen Widerstand bei unterschiedlichen Spannungen.

Vorbereitung:
Zeichne Schaltpläne für die Aufnahme der *I-U*-Kennlinie einer Glühlampe und eines Widerstands.

Schaltplan für Glühlampe   Schaltplan für Widerstand

Durchführung:
a) Baue die Schaltung nach dem Schaltplan auf.
b) Miss an einer Glühlampe die Stromstärke bei unterschiedlicher Spannung.
c) Führe die Messungen an dem Drahtwiderstand durch.

Ob der Name „Konstanten" etwas besonderes bedeutet?

Auswertung:

Glühlampe

U in V					
I in mA					
R in Ω					

Widerstand aus Konstantandraht

U in V					
I in mA					
R in Ω					

a) Zeichne die Kennlinien beider Bauteile verschiedenfarbig in das Diagramm ein.
b) Welche Aussagen kann man jeweils über den Zusammenhang zwischen Spannung und Stromstärke treffen?

_____
_____

c) Berechne für jedes Messwertepaar den elektrischen Widerstand und trage die Ergebnisse in die Tabelle ein.
d) Vergleiche die Widerstände bei unterschiedlichen Spannungen für die Glühlampe bzw. für den Konstantandraht. Was kannst du jeweils über die Gültigkeit des ohmschen Gesetzes aussagen?

_____
_____

© Duden Paetec GmbH. Alle Rechte vorbehalten. Internet: www.duden-schulbuch.de

48 Wirkungen bewegter Ladungen

Teste dich selbst

Setze die Druckbuchstaben der richtigen Antworten der Reihe nach in das Lösungswort unten ein. Das kann bei einer Aufgabe auch mehr als ein Buchstabe sein. Ob du richtig geantwortet hast, kannst du unten prüfen, wenn du mithilfe der Buchstaben das Lösungswort findest.

1 Gute elektrische Isolatoren sind:
- B   Porzellan,
- K   feuchtes Holz,
- G   Schweiß,
- A   Gummi.

2 In einem Stoff fließt dann ein elektrischer Strom, wenn
- R   in dem Stoff Atome mit Elektronen vorhanden sind,
- E   frei bewegliche Elektronen vorhanden sind,
- T   frei bewegliche Ladungsträger vorhanden sind und eine Spannung anliegt.

3 Die Einheit der elektrischen Spannung ist benannt nach:
- T   dem italienischen Forscher A. Volta,
- U   dem französischen Gelehrten A. M. Ampère,
- N   dem deutschen Physiker G. S. Ohm.

4 Für die elektrische Stromstärke in einem verzweigten Stromkreis gilt:
- L I = konstant,
- E $I = I_1 + I_2$,
- N $I = I_1 = I_2$.

5 Welche der nachfolgenden Schaltungen weist einen Fehler auf?
- R
- F
- S

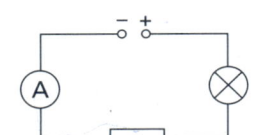

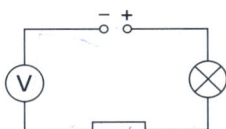

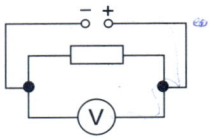

6 Wie groß ist der Widerstand eines Bauelements, wenn bei einer Spannung von 9 V ein Strom der Stärke 30 mA fließt?
- R   0,3 Ω
- S   30 Ω
- I   300 Ω

7 Die beiden Leiter haben die gleiche Länge und die gleiche Querschnittsfläche. Dann gilt:
- T   Die Widerstände der Leiter sind gleich groß.
- E   Kupfer leitet den Strom besser, weil der spezifische Widerstand von Kupfer kleiner ist als der von Stahl.
- N   Kupfer hat einen kleineren Widerstand, weil der spezifische Widerstand von Kupfer kleiner ist als der von Stahl.

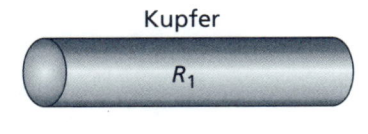

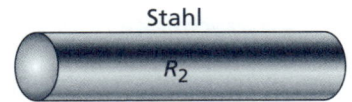

Kupfer R_1

Stahl R_2

Das Lösungswort heißt: _____